世界一かんたん！

テレビを見るだけで雑談力が爆上がりする魔法のスキル

「半径3m」のメディアに隠された極意

金森 匠

はじめに

この本を手に取って頂き、ありがとうございます。

テレビ、見ていますか

「うわぁ、すご〜い！」

テレビの通販番組で、タレントが商品を絶賛しています。大げさなリアクションは、通販番組の様式美。これは、見ている人に「伝える」ために「わかりやすく」表現しているのです。テレビは「わかりやすさ」が大前提。民放の場合、子供からシニアまで、誰もが見るからです。

テレビはよく「半径〇mのメディア」と言われます。〇に入る数字は50cmから５mぐらいまでいろいろ。人が興味、関心を寄せるのは自分を中心に半径〇m以内にあるもの、という意味です。世界の巨匠・宮崎駿さんによると「企画は半径３m以内に転がっている」そうです。みんなが気になる企画を考えるには、身近なところを見ればいいということです。

ちょっと辺りを見回して下さい。何がありますか。自宅なら、家具や日用雑貨あたりでしょうか。自分の身近にあるものがテレビに映っていると、人は気になります。海外の美味しそうな食べ物を紹介するより、コンビニフードの方が気になります。「長距離マラソンの走り方」より「その場でできる簡単ストレッチ」の方が「やってみようかな」という気になります。

このように、人間の興味関心は、自分のテリトリーが判断基準となっています。

あなたはテレビに狙われている

　今、あなたの半径３ｍ以内にある、最も身近なものは何ですか。そうです、この本です。手にして頂き、とても嬉しいです。どのくらい嬉しいかというと、今すぐ飛んでいって握手したいほどです。握手の瞬間、あなたは私にとって、半径３ｍ以内の人になります。とはいえ時節柄、握手はできませんので、本を持ったままでいて下さい。これから、あなたのお役に立つことをお伝えします。

　テレビはリモコンのスイッチを押すだけで見られます。民放ならタダで見たい放題。テレビをつけっぱなしで他のことをやりながらと、真剣に見ていない人もいるでしょう。

　もしテレビを惰性で見ているなら、もったいないです。ちょっと想像してみて下さい。あなたが何をしていようと、テレビは一方的に情報を送っています。そしてテレビを気にしていないあなたの関心を引こうと、努力しています。関心を引く工夫を凝らしているのです。

　では、あなたがテレビの側、つまり工夫をする側だったとしたら・・・。

　あなたの前には、気を引きたい相手がいます。家族、恋人、友人、パートナー・・・。あなたに気のない素振りをしている相手を振り向かせるために、何をしますか。相手が気になるように伝える必要があります。

　では、気にしてもらうにはどうしたらいいでしょうか。ヒントはテレビにあります。テレビは視聴者がいくらボーッと見ていようと、常に見てもらうための工夫をしています。テレビ

には、相手の気を引くためのワザが詰まっているのです。この工夫を応用すれば、あなたにとっても、気のない相手を振り向かせる可能性はグッと上がります。

テレビとハサミは使いよう

情報番組で扱う話題の多くは「役に立つ」「誰かに言いたくなる」「あなたの半径３ｍ以内にあるもの」を軸に選ばれます。およそ「雑談ネタ」になりそうかどうか、です。

テレビから発信される情報は、雑談に向いているものがほとんどです。パッと見の印象だけでなく、タレントさんの言葉をなぞるテロップひとつにしても「なぜ、この書体なのか」「なぜ、この色なのか」「なぜ、このサイズなのか」といった理由が必ず潜んでいます。万人が納得するかどうかは別として、制作者はなんとなく作っているのではなく、何かしらの根拠や意図を持って選んでいるのです。

そんな意図を推理しつつテレビを見ていると、「こうやって伝えると、わかりやすいのか」といったワザも見えてきます。

記憶のクローゼットを開けておこう

あなたが普段よく着る服はどこに置いてありますか。クローゼット？　タンス？　収納ボックス？　やはり、出し入れしやすい場所ではないでしょうか。

あなたの頭は、記憶のクローゼットです。よく使う情報は、扉付近に置かれています。滅多に使わない情報は、クローゼッ

トの奥にあります。

　近所のスーパーの特売日はすぐに思い出せますが、大化の改新が何年だったかを思い出すには、少し時間がかかります。あなたが伝えたメッセージが相手の記憶のクローゼットに入る際、出し入れされやすいように、なるべく扉の近くに置かれることが理想です。

　インプットした情報は脳の側頭部に一時保管され、重要な情報と判断されると、長期記憶として前頭葉へ自動仕分けされます。復習、反復学習によって、重要な記憶として残っていくのです。

　図のように、まず思考レベルでインプットした情報に「へぇ」「すごい」「やってみたい」といった感情が伴うと、定着率が高まります。

学習の
イメージ

思考

感情

感情

初めてのデートで食べた料理や、ドライブ中に聴いた曲、遊んだ場所の匂いといった「エピソードを伴う記憶」はずっと覚えています。さらに、記憶の出し入れを繰り返すことで、感覚として染み付いていきます。

染み付くというのは、体が覚えている状態。例えば、自転車に乗るには理屈で教わるより、やってみて一旦乗れるようになると、あとは考えなくても乗れる・・・それと同じです。

気に入った店の常連に最短でなる方法

「繰り返し」「感情の伴い」の仕組みを使うと、あなたは簡単に常連さんになれます。

訪れた飲食店で店の人と話が盛り上がり、次のように思いました。「この店いいな。常連になりたいな、でもしょっちゅう来られないし・・・」。

店の人は毎日たくさんの人を接客しているので、あなたはまだ大勢のうちのひとりです。そこで3日以内にもう一度、訪れます。「また来ました！」。店の人には、あなたは「またすぐ来てくれた人」という印象が残ります。

次は3週間程度、空けてから再度訪れます。すると店の人は「もう来てくれないかと思っていましたよ〜」と目を細め、あなたの印象が強くなります。

このあとは、何カ月空いても大丈夫です。次に行ったら「あ、○○さん！」と常連さんのように接してくれるでしょう。かつて自分が飲食店を経営していた時、常連になるお客さんにはこの法則が当てはまっていました。

「伝える」より「伝わる」

初めまして。金森匠（かなもり・たくみ）と申します。放送作家という仕事をしています。放送作家とは何をする人なのか。簡単に言うとテレビの裏方、黒子であり、以下のようなサービスを提供して対価を頂いています。

○企画を考える（プロジェクトのアイディア）
○構成を立てる（ストーリー展開）
○台本・ナレーションを書く（設計図作り）
　さらに細かいことまで入れると、
○番組本体からコーナーまで「タイトル」を考える
○画面の右上に出る「サイドスーパー」を考える

ビジネスのＫＰＩ（重要業績評価指数）やＫＧＩ（重要目標達成指数）が設定しにくい仕事です。テレビは短いコーナーから長時間の特番まで様々ですが、作品は原則的にディレクターのものです。なので、放送作家の役割は、番組制作がうまくいくよう、ディレクターの話し相手をすることだとも言えます。

ギャラが発生するかの分かれ目

自分はバラエティー、報道、情報、スポーツ、ドラマと、ほぼ全てのジャンルを経験し、放送回ベースで数えると5000以上の番組に携わってきました。とはいっても、ひとつの番組には多くのスタッフがいるので、ひとりの力なんぞ、たかが知

れています。番組の立ち上げから関わった日本テレビの情報番組「ＺＩＰ！」は、スタッフが200人以上いました。

　放送作家は複数の番組を掛け持ちし、並行作業します。お笑い番組では芸人さんのネタを考えて提供し、日々の情報番組ではナレーターさんが生で読む原稿を書き、ロケに行く番組では構成台本を作り・・・と、ひたすら裏方街道を歩んできました。

　長いものから短いコーナーまで、テレビ番組には必ずディレクターがいます。映画で言うところの監督です。テレビで放送される制作物（作品）はディレクターのものなので、放送作家はあくまでサポート役。作品の評価はディレクターの評価であり、放送作家が評価されることは少ないと感じています。

　そのため、普段の細かい仕事ひとつとっても、自分の思いは極力殺し、中立的な立場で眺める癖がつきました。原稿を書いたら一旦置き、他人が書いたものとして、第三者の視点で推敲。書く時は熱を込めても、チェックは冷めた目で行います。自分の作品をいかに第三者視点でチェックできるかどうかが、仕事としてギャラをもらえるかどうかの分かれ目だと感じています。

　どんな仕事でも、ひとつの世界に長くいると、視界がだんだん狭くなっていきがちです。人間は慣れる生き物です。理屈では違うと思っても、普段いる世界を基準に考えてしまいます。

　テレビの仕事も同じです。常に俯瞰していると、テレビがメディアの王様だった時代がとっくに終わっていることが、よくわかります。

　これからは、伝えたいメッセージや目的によって、メディアを組み合わせる時代です。メディアの種類が違っても「伝える」という過程は同じ。大事なことは「伝える」より「伝わる」です。

どうすれば「伝わる」か、テレビに潜むワザもお伝えします。

オールドメディアになってしまったテレビ

　メディアの世界は、ＳＮＳの普及で様変わりしました。テレビ、ラジオ、新聞、雑誌というマスメディアはマスコミならぬ「マスゴミ」と揶揄され、ネット上で炎上することも今や日常風景です。

　テレビを見ないという人も増えてきました。テレビに20年以上携わってきたので、寂しい気もします。とはいえ、自分自身もテレビを見る時間が激減しています。可処分時間の中で、どうしてもテレビに割り当てられる時間が少なくなります。仕方ないので、気になる番組は録画したものを２倍速で見ます。

　テレビの現場、テレビの「中」にいると気付きにくいのですが、「外」の人たちと話すと、テレビがオールドメディアであることをひしひしと感じます。

　既存のシステムが疲弊して古くなるのは、自然な流れです。残念ですが、「テレビはオワコンだよ」と言っている人と同じ目線で見ることによって、新たな気付きもあります。

　この本にはテレビにまつわる新旧エピソードも織り交ぜていますが、今さら「テレビってすごい、面白い」などと言うつもりは全くありません。みなさんとの共通言語、コミュニケーションの入り口にしているだけです。ただ、クジラのように、テレビも「捨てるところなし」。何かしらの学びを得てもらえたらと期待しています。

　それではしばし、半径３ｍ以内でお付き合い下さい。

目次

第2章

第3章

第1章

ドラマから学ぶ
「ツカミ」は
「インパクトとコンパクト」

わずか1分で興味を持たれる魔法

「キャラ立ってるなぁ」

　小学校から高校の頃ってクラスに1人くらい、一度見たら忘れられない子がいませんでしたか。初対面の印象は、あとあとまで引きずります。誰かと出会った瞬間から、その人との歴史が始まります。第一印象はのちのち書き換えできません。まさに一生で一回のチャンス。大切なのは「つかみ」です。

　恋愛ドラマでは「第一印象は最悪」が定番ですが、現実世界での「最悪」は、そうそうリカバーするのが難しいのでは。ましてあらゆる選択肢が溢れている今、気に入らないと思われたらそれまで、というケースを覚悟する必要があります。

　誰でも簡単にタダで見られるテレビはそのお手軽さゆえ、気に入らなければ、視聴者はすぐにチャンネルを替えてしまいます。なので番組冒頭はもちろん、途中から見る人に向けても「つかみ」を意識する必要があります。

じゃあ、どうしたら「つかめる」の？

　テレビ番組を作る人は常に「つかみ」を気にしています。レギュラーのバラエティー番組と、一度きりの特番を例にとりましょう。

　レギュラー番組には既に固定客がいますので、「この番組というのは・・・」といった回りくどい説明は不要です。見る方は

「とっとと面白いところを見せてよ」という気持ちですから、ＶＴＲとスタジオから構成される番組では、いきなりＶＴＲから始まることもよくあります。

　一方の特番は「いったいどんな番組なのか」を説明しないとお客さんがついてこられませんので、「番組の取扱説明書」や「本編ダイジェスト」から始めます。本編ダイジェストは書籍で言う「目次」にあたり、テレビでは「アバン」と呼んでいます。視聴者はアバンを見て「こんなのがあるなら、見てみようかな」と思います。反対に、アバンでつまらないと判断されてしまう可能性もあります。

　初対面の人との向き合いは、あなたが「特番」であるのと同じです。海の物とも山の物ともつかぬあなたがインパクトを与えるには、どうすればいいでしょうか。「初対面」を状況ごとに見ていきましょう。

　仕事上、相手があなたを知る必要がある場合、まずは名刺交換。名刺に載っている会社、部署、肩書、氏名の他、細かい情報、それらをお互い、瞬時に全てインプットするのは困難です。名刺に自分の写真を入れて、顔と名前が一致するよう工夫されているものもありますね。

 モノ覚えがいい僕らでも、一回で覚えるのは無理だよね。

　ちょっと思い出して下さい。名刺交換した相手で印象深い、すぐに思い出せる人はどのくらいいるでしょうか。もらった名

刺の束を見て、名前だけで顔が浮かぶ人はどのくらいいるでしょうか。あなたが思い出せなければ、きっと先方もあなたの顔を思い出せないでしょう。

　かつて伝説のバラエティー番組で、タレントの高田純次さんはロケの際、カメラの下からぬーっと現れるなど、登場の仕方に様々な工夫をしていました。そのやり方に倣った方法が、現在のバラエティー番組でもよく見られます。

　今ほど名前が知られていなかった時代、高田さんといえば変わった登場の仕方をする人、という印象が強かったと思います。しかし、高田さんぐらいのインパクトを残すのは至難の業。

　個人事業主の方なら、名前の上に「キャッチコピー」をつける手があります。「何をやっている人なのか」を一目瞭然で伝えるものです。とはいえ、そのフレーズに興味を持ってもらう必要があります。そこで、不確かな可能性に懸けるよりも、確実な方法が2つあります。

1. 相手の名前を繰り返し呼ぶ

　名刺をいただいたら、表記の名前を音読する。「たかだ・じゅんじさんでよろしいでしょうか」と、読み方を確認します。漢字だと、読み方にバリエーションがある名前も多々あります。「たかだ？　たかた？」「わたなべ？　わたべ？」「はまざき？　はまさき？」「おおたに？　おおや？」「やまざき？　やまさき？」「かみやま？　うえやま？」——。

　初めは間違って呼んでも、確認ですから失礼ではありません。むしろ「丁寧な人だな」と思われるでしょう。もちろん下

の名前も確認です。名刺の裏にローマ字表記がある場合は、裏返して確認するのもいいでしょう。

　と、ここまでは新社会人の研修で教わること。名前をインプットしたら即、使いましょう。しゃべり出し、相手の苗字を主語にします。

「高田さんのお仕事のターゲットはどんな人ですか」

「高田さんの会社で、リモートワークの割合は」

「高田さんはずっと、このお仕事なんですか」

　というふうに、相手の名前を連呼します。想像してみて下さい。初めて会った人があなたの名前を呼んでくれた時、どんな気持ちになるでしょうか。会議やミーティングの場で誰かが言ったことを引用して話す際、「さっきこんな話が出ていましたが」とサラッと言うより「さっき高田さんが言っていましたが」と名前を入れるだけで、相手はハッとしてほんの数ミリでも距離が縮まると思います。

　相手の名前を呼ぶ。ごく単純なことですが、呼ばれた方は存在を認められている気持ちになるので、自然とあなたのことも印象に残るのです。もちろんその場で終わりではなく、再会した際にはまず名前を口にすれば、相手にとってあなたの印象もさらに強くなります。

2. 質問してみよう

　初対面の相手に自分を印象づけるために、質問がオススメです。人は自分に興味を持ってくれる相手を大事にしようと思います。とはいえ、何でも聞けばいいわけではありません。最

近は質問力についての本が溢れているほど、質問というのは奥深い世界です。学校の授業で先生が「質問のある人～」と問いかけた時に手を挙げる人は、授業を理解している証拠でもあります。質問すると「自分はわかっていません」という意思表示をするみたいで恥ずかしい、気が引ける、と思う人もいるでしょう。

　ミーティング、セミナー、講座では必ず、質疑応答の時間があります。質問タイムはその場の全員にメリットをもたらす、ハッピーアワー。質問することで、相手にも別の人にも新たな視点、気付きを与える可能性があります。あなたが情報をもらえるだけでなく、相手にも情報を与えるという、お互いが幸せになるコミュニケーションです。

**質問は自分の問題解決のためだけに
するものではないんだね。**

　欧米では質問タイムの後の名刺交換時に大事な質問をすると、情報を独り占めしようとする人として、ネガティブに見られることがあります。

　話を戻すと、質問は「あなたに興味あり」の意思表示にもなるため、あなたのことを印象づけるチャンスなのです。

ホントは興味ない時にはどうしよう。

　専門的な話に興味がなければ、相手についての質問をすればいいのです。
「高田さんはどうして、このお仕事を始めたのですか」
　自分の仕事の「きっかけ」は誰もが話しやすく、また、話したいトピックです。その仕事が専門的だとしても、あなたが普通に生きていたら一生出会わない世界かもしれません。引き出しが増えるチャンスです。
　引き出しといえば、さきほどから名前の例に出している高田純次さん。かつて劇団員だった頃、約50種類のアルバイトをしていたといいます。トークの瞬発力と引き出しの数は、多彩な経験によるものと察します。

雑談を冒険に変える

　ドラマを見ていて面白いと思うのはどんな時でしょうか。いきなり「そういうことだったのか」と気付く瞬間があります。サスペンスには、提示された謎を主人公と一緒に解いていくドキドキ感があります。見ている人は謎を知ってしまうと、結末がわかるまでモヤモヤします。そしてモヤモヤが晴れた瞬間に「なるほど納得」「いい気分」になります。舞台用語でいう「カタルシス」精神の浄化です。
　この効果をもたらすカギが「伏線」。ドラマ冒頭、知らない土地を訪れた主人公が偶然に出会った地元の人に道を尋ねたとします。地元の人はたまたま、そこに居合わせただけです。

「1億人の大質問!?笑ってコラえて！」の
「第一村人発見！」みたいな。

　ところが謎解きのくだりで、事件のカギを握っている人物であることが明らかになります。すると「あぁ、そういえばあの人、いたよ、いた！」となります。

　伏線は「フリ」とも言います。ドラマのようにストーリーが決まっていて脚本がある場合は、フリとオチをセットで考えます。しかし雑談では、話がどっちへ転がっていくか予測不可能。もちろん「すべらない話」のようにオチが決まっているテッパンネタを展開する場合は、この限りではありません。

　雑談では意図的に伏線を張るというよりも、話したことを「覚えて」おき、あとでそれがさも伏線だったかのように「回収する」というやり方です。

　友人と喫茶店に入って、オーダーを取りに来た店員のテンションが低かった場合——。

友人「なんか不機嫌そうな店員だね」

あなた「やる気ないんじゃね？」

　初めは店員さんの様子に触れてみた程度。その後、店員さんのことは忘れて、仕事、プライベート、近況から夢の話まで、とりとめのない雑談が続きます。その中で、将来の夢の話で盛り上がります。「いいねぇ！　俺もやってみっかなぁ。話聞いて元気出てきた」と、店の奥から、仕事を終えた店員が私服で出てきました。表情が少し明るく見えます。

友人「あれ？　さっきの店員さん？」

あなた「なんか笑ってるね」
友人「さっきは不機嫌そうだったのに」
あなた「夢の話のせいじゃ…」
友人「なるほど、元気分けちゃったかぁ」

　オーダーを取りに来た時の店員の様子をあたかも「伏線」だったかのように「回収」します。筋書きのない雑談は脱線するから面白く、時間を気にせずに適当なところで終わるもの。ただし、前半の伏線を回収することで、なんだかいい話ができたような気分になります。

　もちろん、こじつけ感もセットです。とはいえ、こじつけするのにも頭を使います。伏線にしたい要素を抽象化して、紐付けしたいオチへ落とし込む、という具体化作業が伴うのです。

 抽象化の話は84ページに詳しく載っているね。

　今、目の前で展開される出来事がなぜ起こったのか。その理由が「伏線」に潜んでいるという構図を作り出せると「なるほど、そうだったのか！」となります。

　この流れは、あとでお伝えする「ヒーローズジャーニー」と同じ構図です。主人公は何気ない日常というスタート地点から冒険の旅に出かけ、最後は成長して元の場所に戻ってきます。

　雑談を筋書きのない冒険の旅に置き換えると、スタートで起こった出来事が「伏線」で、最後のまとめで同じようなことが起こり、「あっ、最初のアレ！」と、ハッとする。そして「そういうことだったのか。なるほど、納得」と、腑に落ちます。

あなたも感動物語を作れる

「ドクターX」「半沢直樹」「家政婦のミタ」など、ヒットする物語にはいくつかの共通点があります。

例えば「ドクターX」では外科医・大門未知子が「私、失敗しないので」、半沢直樹では「倍返しだ！」、そして「家政婦のミタ」では「承知しました」といったキメ台詞があります。キメ台詞が印象的に映える設定があり、設定をしっかり機能させるための、ベースとなる法則があります。その法則は特別なものではなく「ベタ」です。

 「ベタ」って、なんだっけ。

「ベタ」とは、なんの変哲もない、ありふれた、使い古されたという意味です。どうってことのないベタでも、束になってかかると「面白い」に変わることがあります。ベタは誰のものさしで測ってもだいたい同じ結果が出るので、感情的には最大公約数です。

「面白い」は共感、いわゆる「あるある」。誰もが普段、感じていることを可視化、言語化できたものは高い確度でヒットします。料理でも辛すぎたり甘すぎたりすると飽きてくるように、定番の味は普遍的で、どこか安心感を与えてくれます。

一説によると、シェイクスピアは、あらゆる物語は36通りに分類できる、としました。これは人間の感情を動かす引き金

には限りがある、とも言えます。そこには時代を越えた普遍の心理があるからです。

　ヒットドラマには、本質的には重なっている部分が多々あります。理由はベタの集まりだからです。奇をてらうより、本質は同じ、しかし時代の風味という味付けをすれば、安心して見られるのです。特に普通の感覚を持った人と話す時には、ベタが有効です。

何をもってベタと考えるの？

　ストーリーを作る際の筋立てに「ヒーローズジャーニー」という黄金則があります。映画やドラマの冒険活劇は、およそ「ヒーローズジャーニー」の原則に沿って作られています。見ている人が自然と感情移入できるよう、12 のステップで組み立てられます。

　誰もが知っているであろう映画「千と千尋の神隠し」のストーリーを見てみましょう。「千と千尋の神隠し」は 2001 年の公開以降、2020 年までの興行収入ランキングトップを走り続けた名作なので、一度はご覧になった人もいるかと思います。

ステップ 1：平凡な日常

　まずは物語の設定。ストーリーは「つかみ」が大事です。いきなり争いや戦闘といった緊迫のシーンから入る場合もよくあります。ただ、冒頭で大きな問題は起こっておらず、主人公の登場と共に境遇、およそ日常的なシーンが描かれます。

「千と千尋の神隠し」では、主人公である10歳の少女・千尋が、両親と共に新しい住まいへ引っ越すシーンから始まります。

ステップ2：冒険へのいざない

　主人公が新たな旅立ちへいざなわれます。本意でなく、見えない力に導かれるかのように、旅立ちを余儀なくされるのです。千尋たちは森の中で道に迷い、奇妙なトンネルに出くわします。

ステップ3：冒険を拒絶

　千尋は突然のいざないに対して戸惑い、躊躇します。できれば避けたい思いから、拒否の意思を示します。しかし、周囲の状況に巻き込まれ、モヤモヤしながらも恐れを乗り越え、旅立っていきます。

　千尋は「もう帰ろう」と躊躇しますが、両親はトンネルを進んでいき、仕方なく千尋もあとを追いかけます。すると両親は人気のない飲食店で勝手に飲み食いしたあげく、豚になります。

　　僕らでも、あんなにガツガツ食べないよ。

ステップ4：師との出会い

　未知の場所へと向かう中で、自分にとって良き理解者となる師と出会います。師は千尋を見守り、必要なアドバイスを送る役割です。千尋は帰ろうとしますが、道に迷って泣いている

と、おかっぱ頭の少年・ハクと出会います。ハクはこの後、千尋を導いていく師です。

ステップ5：事件の始まり

千尋は未知への旅を受け入れます。先へ進めば、元の日常へは戻れません。本当の意味での冒険は、ここから始まります。千尋は特別な世界へつながる橋を「息を止めて」渡り、油屋にたどり着きます。するとハクは「釜爺のところへ行って、なんとか仕事をもらうように」と助言。千尋はひとり、釜爺を目指して進みます。

油屋のモデルは、台湾にある人気茶芸館「阿妹茶酒館」だよね。

ステップ6：試練、仲間、宿敵との出会い

千尋は多くの試練と対峙します。特別な世界では、宿敵が現れます。ただし、戦う時は一人だけでなく、仲間がいます。仲間と共に試練を乗り越えることで、千尋が成長していきます。千尋は釜爺やリンといった新たな仲間と出会い、同時に湯婆婆という宿敵も現れます。

ステップ7：最も危険な場所への接近

千尋は最も危険な場所に向かっていることを、わかっています。しかし、そこを乗り越えないと次へ進めないため、腹を決めます。

するとある日、強烈に臭い「クサレ神」が客としてやってきて、千尋は湯婆婆からクサレ神の世話を押し付けられます。

 湯婆婆が手のひらから光の玉を出すシーンの モチーフは、ドラゴンボールのかめはめ波なんだよね。

ステップ８：最大のチャレンジ

最も危険な場所で戦います。あわや死と隣り合わせ、といった、誰もが逃げ出したくなるような状況が描かれます。千尋がクサレ神を真面目に世話した結果、本当の姿を現します。

ステップ９：報酬や宝

最大の挑戦を乗り越えた報酬を手にします。報酬はストーリー設定によって物理的、精神的なものと異なりますが、最大の挑戦に見合ったものが手に入ります。クサレ神と呼ばれていた客は河の主。千尋はお礼に、不思議な団子をもらいます。

ステップ10：帰路

報酬、宝を手に、帰路へとつきます。しかし、最も危険な場所の余韻が残っていて残党に追われるなど、小さな危険と遭遇することもあります。ハクが魔女の契約印を盗み出したため、殺されそうになります。瀕死のハクに不思議な団子を食べさせますが、衰弱。千尋はハクを助けようと、銭婆へ謝りにいくことを決意します。

ステップ11：クライマックス

千尋は特別な体験から戻り、自分がステージアップしたことを実感します。銭婆から許しを得て油屋に戻ったハクは、湯婆婆に「千尋と両親を元に戻そう」求めます。湯婆婆は油屋の外に集めた豚たちの中から両親を当てろ、という難題をふっかけてきます。

 あの時「僕は両親じゃないよ〜」って叫んだけどね。

ステップ12：日常への帰還

千尋は、最初にいた場所へ帰ってきます。同じ場所ですが、自身は大きな宝（経験、知見、スキル、気付き、教訓）を手にしているので、新たなステージに立っています。自由の身になった千尋は、颯爽と油屋をあとにします。人間に戻った両親はトンネルの出口で、何事もなかったかのように千尋を迎えます。

 見ているこっちも成長した気分になったよね。

「ヒーローズジャーニー」のストーリー構成は「スター・ウォーズ」「ハリー・ポッター」「ワンピース」「ドラゴンボール」、そして「鬼滅の刃」にも当てはまります。

例えば、主人公を導くコーチの役割を担うのは「千と千尋の神隠し」では「ハク」、「スター・ウォーズ」なら「ヨーダ」、「ハリー・ポッター」では「ダンブルドア教授」、「ワンピース」

は「シャンクス」、「ドラゴンボール」なら「ベジータ」、さらに「鬼滅の刃」では「鱗滝左近次」です。

「ヒーローズジャーニー」はストーリー創作の定番ですが、男性目線のテンプレートです。一方で、女性目線の法則もあります。いわゆる「シンデレラストーリー」です。

　男性と女性では、感情移入のポイントが異なります。「ヒーローズジャーニー」の主人公は「使命」を胸にゴールを目指し、次々と試練をクリアしていくロールプレイングゲーム。壁を乗り越えた先にある宝を手にし、凱旋してヒーローになります。

　女性が主人公の「シンデレラストーリー」は、日常にモヤモヤする主人公が本来の自分を探しに行く旅。旅の途中に戦う相手は、元の日常へと押し戻そうとする力です。その力に打ち勝って、自分がいるべき場所を見つけ、自分らしく生きることがシンデレラストーリーのゴールです。

男女で目指す場所が全然、違うんだね。

　ゴールで得られるご褒美が、男性では富や名声といった第三者からの評価であるのに対し、女性は本来の自分と出会い、自分を取り戻すという内面のご褒美です。

　相手に自分のことを伝える際、相手が男性か女性かによって、ヒーロー軸かシンデレラ軸かで表現方法を分けると共感を得やすいのはこのためです。

どうして、この法則がテッパンなんだろう。

　それは人の一生とそのままリンクしているため、誰でも感情移入しやすい側面があるからです。相手にあなた自身のことを伝える際、プロフィールにストーリー性を持たせると効果的です。伝える相手が男性なら「ヒーローズジャーニー」、女性なら「シンデレラストーリー」に則ると伝わりやすいでしょう。

 男性向けは外的要素、女性向けは内的要素だね。

　ところで「ドクターＸ」の天才外科医・大門未知子のキメ台詞である「私、失敗しないので」には元ネタがあります。ロンドン五輪女子柔道で松本薫選手が金メダルに輝いた際のインタビューでのコメント、すなわち「私、ミスはしないので」です。その松本選手のキャッチフレーズといえば、野獣でしたね。

 ってことは、ストーリーはヒーローズ？　シンデレラ？

話下手でも心配無用！　冗舌は不要

　人は自分の話を聞いてくれる相手に信頼を寄せます。初対面では本能的に、相手に対する警戒心を抱きます。その警戒心

をどうやって解きほぐしていけばいいのでしょうか。

およそ人は第一印象で得られる1万4千の情報と自分の知見を元に、相手の勝手なイメージを作ります。一説には0.6秒で判断するとか。最悪のケースである「警戒レベル5」の印象を抱かれたと想定して臨みましょう。

相手はあなたが自分に危害を加えないか、自分を騙そうとしていないか、警戒しています。あなたはもちろん、笑顔で接しますが、その笑顔もいろいろ。顔は笑っているけど、目が笑っていないのはNG。せめて目だけは笑いましょう。その時、相手があなたに対して抱く印象は「自分にとって、どんな人だろう」「どんなベネフィットを与えてくれるだろうか」です。

 ベネフィットって「利益」「恩恵」「手助け」のことだね。

この場合のベネフィットとは何でしょう。まず、相手にとって「理解者」であると示すことです。ドラマの主人公は必ず壁にぶち当たり、それを乗り越えていきます。壁はいろいろ。自然環境から敵対するライバル、危害を加える者まで。

その中には、一見すると敵のようで、実は主人公の味方になる人がまぎれていることもあります。実は理解者であり、「みんなはあなたのことを悪く言うけど、私はわかっているよ」という人です。

目の前にいる相手をドラマの主人公とした時、あなたの役割は「良き理解者」です。理解していることが伝わればいいので、わざわざ口で説明する必要はありません。話下手でもOK。

では理解者であるために、どうすればいいのでしょうか。

 あとについていこう。

　まずは、相手の話に耳を傾けることです。「一方的に他人の話を聞くなんて、ストレスが溜まるわ〜」と思う人もいるかもしれません。ちょっと待って下さい。相手はあなたにはない体験談を持っています。

　他人の人生から学べることは、たくさんあります。ただストレスを感じながらじっと聞くのと「学べることは何だろう」というテーマを持って聞くのとでは、どちらがあなたの成長につながるか明白です。

　相手の情報が増えるたびに、あなたは相手にとっての理解者へと近づいていきます。相手がのび太なら、あなたがドラえもんです。

 自分のことを知ってもらうには、どうすればいいのかな。

　ドラマには主役がいます。一人芝居をはじめ、人間同士のドラマを描く時、2人以上の登場人物が現れます。それが「誰」なのか、見ている人に「わからせる」くだりが必要です。

　それにはいろいろなパターンがあります。赴任先の職場で自己紹介する。朝の登校中に、友人が主人公の名前を呼ぶ。面接で名前を呼ばれたり、履歴書が丸見えになったりする。勤務

先で身に着けているＩＤカードが見える。届いた配達物の宛名がアップになる・・・などなど。

　初めて出会う人に自己紹介する時、あなたが何者なのか、ひと言で伝えましょう。相手はあなたのことを知りません。好奇心こそあっても、まだ興味は持っていません。それを踏まえると、いきなり詳しいプロフィールより「キャッチコピー」があると便利です。

 キャッチコピーって、肩書とは違うの？

　あなたが何をしている人なのか、イメージできるフレーズです。「美姿勢のマジシャン」「幸せづくりのイラストレーター」「産後ダイエット請負人」「健康資産デザイナー」など、フレーズからどんなことをしている人なのかが、多少なりとも浮かんできます。自分で考えてもいいのですが、あなたのことを知っている人にも手伝ってもらい、客観的な視点で出てくる要素を元にするのがオススメです。

キャラの使い分けで相手に寄り添う

　ドラマには、わかりやすい名前やシャレた名前、時に意味ありげな名前の人物が登場します。最近は本名とは別に、ビジネス用の名前を持ち、使い分けている人もいます。ＳＮＳでハンドルネームを使うことに抵抗がなくなったせいもあるので

しょうか。

　つまり、別の名前にすると、キャラを作りやすくなるということ。テレビに出ているタレントさんの多くは、メディアに登場するときのキャラを設定しています。

遠い星からやって来たお姫様ってやつだね。

　一般人でも、オンとオフでキャラを使い分けることができます。複業をしている人ならば、仕事別にキャラがあるかもしれません。人には生まれつきのキャラクター、自然体があります。でも自分が属しているコミュニティーで「キャラ変」していることはありませんか。

　人間は社会性のある動物なので、環境に影響されます。周りの人との関係性によって、もしかすると知らない間に、別キャラになっていることはないでしょうか。

「類は友を呼ぶ」というように、人は生まれつきのキャラクターと相性のいい同士が自然に集まるものです。しかし最近はSNSの発達で、様々なコミュニティーに属しやすくなりました。相手に合わせたキャラへと調整していくことで多くの人とつながり、チャンスを呼び込みやすくなります。仕事なら「見込み客」の分母が増えます。

別キャラだと、自分らしさがなくならないかな。

　もちろん「ありのまま」でＯＫ。ただ、キャラを持つと、選択の幅が広がります。子供の頃を思い出してみてください。自宅で過ごす自分と、学校にいる時の自分。同じだったでしょうか。

　会社では猫をかぶっていても、会社の外ではガス抜きをしつつ「キャラ変」することはあります。会社で部下に威張っている人が、家では奥さんの尻に敷かれている。会社ではお局さんの前でおとなしくしていても、彼氏の前ではわがままに振る舞っている…。

　この「無意識」でやっているキャラを引っ張り出し「意識的」に演じることで、やがて場面に応じて自然に振る舞えるようになるはずです。キャラのバリエーションが２倍になれば、あなたの半径３ｍ以内に入る人の数もそれだけ増えるのです。

キャラを増やせばいいの？

　勝負はここから。あなたが別キャラになると、どこかで相手が心を許す瞬間があります。その一瞬を見極めることが大切なのです。自分のキャラはあくまで「フリ」に過ぎません。食いついてきたところが相手の「琴線」です。琴線が見えたら、攻めに転じます。上司が子煩悩な父親だったら、子供に理解を示す人になる。相手が体育会系だったら、先輩を立てる従順な後輩を演じてみる。相手の周波数に合わせて「寄り添う」ことで、距離を縮めることができます。

「子供時代」はテッパンの共感ポイント

ドラマでは主人公のキャラクターを伝えるため、子供の頃の回想シーンを描くことがあります。主人公の出自や経歴といったバイオグラフィー、行動動機、モチベーションがわかるだけでなく、回想という性質から、視聴者の郷愁も誘います。なんだか懐かしさを感じる理由は、誰にでも共通して「子供時代」があるからです。無意識のうちに自分の子供時代も思い出すことで感情移入しやすくなる、という効果もあります。

ドラマに限らずトークでも「子供時代のネタ」はテッパンです。「人志松本のすべらない話」で過去にMVS（MVP）に輝いた作品には、子供の頃のエピソードや、子供が登場するネタが目立ちます。

第22回のMVSは、ドランクドラゴン・塚地武雅さんと近所の無邪気な子供との、ほっこりする話。バス停で出会った子供が塚地さんのことをドランクドラゴンと呼んでいたため、子供のおばあちゃんが塚地さんを外国人だと思い込み、「これは日本の和菓子というものです」と差し入れをくれたエピソードでした。

> ドランクドラゴンはカンフー映画の「ドランクモンキー 酔拳」と「燃えよドラゴン」を組み合わせたコンビ名なんだよね。

同じ回に塚地さんが披露したもうひとつのネタは、小学校

時代の同級生の話。クラスで目立たなかった村田君が何でも食べてしまう特技で一躍脚光を浴び、調子に乗ってサボテンを食べたところ、口を血だらけにして救急車を呼ぶ騒ぎに。その際、「塚地君、サボテンは食べられへん」と言い残し、搬送されていきました。

なかなかレアな話ですが、視聴者は「村田君のようなクラスメートっているよね」となり、「自分の小学校時代だったら誰だろう」と想像することで、共感と笑いにつながります。

 子どもの行動パターンって、似ているからね。

就職活動や転職活動、起業する時などには、自分の生い立ちを振り返る「棚卸し」をします。「自分は何者なのか」を探っていくと、行動の動機や原点が子供時代にあることが多いのです。

子供の頃は家と学校の往復が基本で、あとは習い事くらい。行動範囲が限定的です。そのため、共通体験の中身が似通っていることで、子供時代の話には共感しやすいのです。

半径3m以内の人と話す時、どんな子供時代だったのかと尋ねてみると、相手の生い立ちから「なぜ今、コレをやっているのか、この職業なのか」といった行動動機も見えてきます。子供の頃の「点」と、大人になった今の「点」が結び付くと、納得感と共に、相手への親近感も増すでしょう。

まとめ

相手にとって、あなたの第一印象は一度だけ。的を絞ってコンパクトに振り抜き、最大のインパクトを与えましょう。

テレビには台本があります。家づくりに設計図が必要なように、番組は台本を元に作っていきます。ただし、家づくりと違うのは、設計図通りに完成しないことがある点です。

メディアの中でもテレビの時間単価は飛び抜けて高いため（今は人気 YouTuber の方が高いかもしれませんが・・・）、原則、細かく段取りを決めてから制作に臨みます。台本を作るのは、ディレクターや放送作家。台本に沿って言葉で伝えたり、身振り手振りで表現したりするのが出演者です。

出演者は台本に沿いますが、アドリブを入れてもっと面白くするというのはよくあることです。特にバラエティー番組の台本はあくまで「こんな感じでいきましょう」というイメージであり、いかに想定外のことで面白くなるかを期待しています。

明石家さんまさんは、台本を見ないことで有名です。もちろん各番組に台本が用意されますが、さんまさんは段取りだけ頭に入れて、あとは自分のペースで進めます。結果、面白いものになるのでＯＫなのです。

ドラマの脚本と異なり、バラエティー番組の台本に載っているセリフは一字一句間違えず言わなければならない、ということはありません。できる出演者は台本を押さえつつ、さらにどう面白くするか、チャレンジします。実はココに、タレントと制作（ディレクター、放送作家）との間の見えない戦いがあります。

かつてお笑いコンビのキャイ〜ンさんとレギュラー番組の仕事をしていた時のこと。スタジオで台本に沿ってトークの収録をし

●こんな人が半径3m以内にいたら困る！

詩集を売りつけようとする

ていくのですが、笑いにつながるくだりに「ボケ」のセリフをいくつか書いておきました。こちらとしては「こんなことを言ってもらえたら」という気持ち。通常はベタなものを１～２個書き添えておけばいいのですが、当時、キャイ～ンさんとは初めてのお仕事だったので、念のため「ボケ」ネタをいろいろなパターンで書いておきました。

　すると収録後に天野さんがやってきて、

「あそこの部分、あんまりボケのパターン書かないでよ（笑）。もうちょっと余白ある方がボケやすいから」

　と、やんわり言われました。プロの芸人さんですから、ハードルは低めにしておいても、できるだけ高く飛び越えてくれます。その機微を理解せず、よかれと思ってボケ案を多めに書いたのは失敗でした。

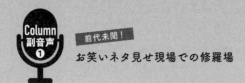
　しかし、回を重ねて呼吸が合ってくると、今度は台本通りに言ってくれることもあります。ある収録でディレクターが「はい、オッケーです」と終了を告げると同時に、ウド鈴木さんが駆け寄って来て、

「すいません！　ボケるところ（セリフ）言うの飛ばしちゃいました。すいません！」

　ものすごく申し訳なさそうに謝ってこられたのです。ドラマではないので全く問題ないですし、たとえボケたとしても、そこを使うかどうかはディレクター判断です。ウド鈴木さんの律儀な人柄が垣間見えた瞬間でもありました。

　その時の収録は2人の楽しいトークで撮れ高が十分でしたが、改めて台本って難しいなと感じたものでした。

第2章

情報番組から学ぶ
「おもてなし」は
「役立つ期待と
捉える機会」

家庭科の授業には食リポを

　時代劇を見ていても眠くならないのに、 日本史の教科書を読んでいると眠くなるのはどうしてでしょうか。

　そもそも教科書は単なる事実の羅列でありテキストですが、時代劇は映像で表現されているから「わかりやすさ」に天と地の差があります。テキストより一枚の写真の方が、情報量が数百倍、さらに映像なら数千倍の差があるといいます。

　テレビの情報番組では、リポーターが飲食店を訪ねてオススメのメニューを試食する「食リポ」のコーナーが定番です。食リポでは見ている人を、さも自分も味わっているかのような気分にさせる「表現の仕方」を工夫しています。リポーターは「美味しい」と言うだけでは仕事になりません。美味しいから訪ねているのであり、どう美味しいのかをあらゆる手段で伝えるのが仕事です。

**美味しそうに見えるかどうかは、
表現ひとつで変わるよね。**

　まず「美味しい」をどのように言い換えるのか。「ほっぺたが落ちる」といった慣用句のさらに先をいく表現、言い換えが求められます。

　タレントの彦摩呂さんは料理の見た目を「宝石箱」にたとえ、石塚英彦さんは満面の笑顔で「まいう〜」と唸り、宮川大輔さ

んは全身で「うまい！」と叫びます。このような表現は、人間ならではの「感覚」に訴えるので、受け手に臨場感が伝わります。

　ただ、人間が持つ五感（視覚、聴覚、味覚、触覚、嗅覚）のうち、どれが優先的に働くかは、人によって異なります。例えば、プリンと聞いて、何を思い出しますか。スプーンを入れた時にスッと入る感覚か、口に含んだ時の甘さか、鼻をくすぐるカラメルの香りか。はたまた、皿の上で今にも崩れそうな、プルプルした様子なのか。

　これらは人の経験によるので、相手にプリンの美味しさを伝えようとしたらどの感覚に訴えるか、とりあえず全ての表現方法を繰り出す必要があります。五感に訴える表現を使うことで、自分も体験しているような気分になり、共感しやすくなります。

子供はユニークな擬態語や擬声語を使うよね。

　感覚が研ぎ澄まされている子供は、体で感じたままをなんとか言語化して伝えようとします。小学校の家庭科で調理実習がありましたが、調理するだけでなく、試食時には「食リポ」までやることで脳も胃袋も刺激され、表現力を磨く練習になると思います。

　大人のみなさんも、今からでも遅くありません。自宅で食事する時は、食リポ遊びをオススメします。「具だくさんのお味噌汁、何から頂きましょうか。まずは里芋。うん、柔らかい。噛まなくても、とろけるようです！」と、「美味しい」を使わ

ずにどれだけ表現できるかに挑戦。言葉が出てこなければ、黙るのもＯＫ。人は本当に美味しいものを食べた時には、言葉が出てきません。

　ところで食レポ百戦錬磨のタレントさんでも、強敵とぶつかることがあります。それは不味いと感じる時。とはいえ「不味い」とは言えません。「不味い」と言わず、どうやって表現するか。こんなフレーズでしのいでいます。

高田純次さん「個性的な味ですね」
彦摩呂さん「この味、初めて食べた」
鈴木あきえさん「いい意味で、裏切られました」
ヨネスケさん「あ〜、なかなかですね」

　さりげなく「不味い」を言い換えます。突然の有事でも、調理した人を不快にさせず、タレントイメージも守る危機管理フレーズ。いつも元気な勝俣州和さんが「いや〜、そうきましたか〜」と唸ったら「不味い」のサインです。みなさんも、家族や知人が作ってくれた料理がお気に召さないこともあるでしょう。備えあれば憂いなし。あなたも突然の試食時に慌てないよう、危機管理用のフレーズをご用意しました。

「ハマると癖になりそうですね」
「真のグルメを唸らせます」
「じわじわ来るなぁ」
「これはツウ好み」
「味の可能性を感じました」

「ザ・素朴」
「作った人の優しさを感じます」
「22世紀の味を先取り？」

用法と用量を守って使いたいね。

　食リポは遊び感覚でできる、表現力のトレーニングです。普段の生活で、自分は五感のどれを優先しているか、分析するきっかけにもなります。「あれ、この感覚が弱いな」と感じたところにフォーカスすると、伝える力のバランスが整っていくでしょう。

共通イメージで本質を捉えよう

　相手が価値を感じるものを、どうやって見つけるか。アプローチには様々なメソッドがあります。サービスや商品の本質的価値を探る時、こんなプロセスを踏みます。世の中にあるものは、およそ何かと何かのかけ合わせです。よくゼロイチという表現が使われますが、ゼロに何をかけてもゼロ。正しくは既存の1をどのように「いじる」か。そうして生まれたものの中でも「ありそうでなかったもの」がヒットします。
「ありそうで」と思うのは、「既視感」があるからです。人の脳は、全く見たことのないものに対しては、危険を回避しようと警戒を強めます。そして知見、経験を総動員し、「自分が知っ

ている何と近いかなぁ」と考えるのです。

　この作用を使い、企業ならば自社の商品サービスは何に近いか想像します。う〜ん、文字が書けるから、ペンのようなものかな。いや、光るから懐中電灯かな。この「のようなもの」を使います。

　既にこの世に存在していて、私達が受け入れているもの。つまり、必要とされている「○○」を考えてみます。食べ物だったら、どんなもの？　有名人だったら、どんな人？　スポーツだったら、どんな種目？　自分の知見と経験、趣味嗜好から救い出していきます。

　例えば、早口でまくし立てている人がいます。その場にいる誰かが「レベル300のテトリスかよ。受け止めきれないよ！」と突っ込み、周りの人たちがうなずきます。あるあるネタにたとえることで共感と笑いを呼ぶ、というバラエティー番組ならではのくだりです。

「○○のようなもの」という、みんなの中にある「最大公約数」に置き換えることによって、初めて見たものに対しても「そっか、そういうことね」と腑に落ちやすくなります。早口でまくしたてる人の周りがほぼ初対面だと、普通は「この人、早口だな」「何言っているかわからないよ」「せっかちさんだな」といった、どちらかというとネガティブな印象を抱くかもしれません。

　しかし誰かが、

「しゃべりのゲリラ豪雨かよ。傘持ってないからずぶ濡れだよ」

「それ日本語か？　せっかちな中国語に聞こえるぞ」

「情報量、半端ないな。通販番組のアンミカか」

　などと突っ込むことで、印象を変えることができるのです。

気の利いた突っ込みは難しそうだな～。

　普段から自分に興味のないことでも、とりあえず引き出しに入れておく…。すると突然現れた「新しいもの」と、引き出しの中の「公約数」が紐付けされることで、理解しやすくなります。

　実際に「のようなもの」で本質を目指す時、芯から思いっきり遠いところからスタートするといいでしょう。脳の負担も少なくて済みます。「銀河鉄道999」の終点、アンドロメダ星雲あたりからスタートしましょうか。いや、それでは自分のところまで辿り着くのに何万光年かかるかわからないので、太陽系からスタートしましょう。

　あなたの会社が「帽子メーカー」だとします。帽子のような日用品は一定の市場が安定していますが、爆発的に買ってもらえる可能性は低いでしょう。まず太陽系の中で、帽子はどこで「使われそうなもの」でしょうか。中心の太陽は、強い光と熱を放っているので、頭を守るのに必要です。

頭を守る前に、一瞬で焼けちゃうよね。

　では、太陽系で最も外側を回る海王星ではどうでしょうか。海王星は暴風構造で、秒速600メートル超の風速とされています。時速では約2200キロ。すなわち、音速の2倍近い数値です。帽子は一瞬で吹き飛ばされるでしょう。

　となれば、帽子が「必要そうな」地球から始めましょう。

まず、帽子はどこで作られる「ようなもの」でしょうか。やっぱり日差しから頭を守るため、赤道に近い地域でしょうか。

と、いきなり考え始めると、左脳が「理由」「大義」を考えてしまいます。すると理屈に引っ張られてしまう可能性があり、想像の幅が狭まります。

そこで直感的に、地球の中のどの地域かをイメージします。北半球？　南半球？　大陸だったら、アメリカ大陸？　ユーラシア大陸？　アフリカ大陸？　「帽子って、おしゃれの記号だったりするね」「おしゃれな人はどこにいるかな」「どこでもいるよなぁ。アフリカのコンゴにはサプールっていう、おしゃれにこだわる伊達男たちがいるし」「やっぱ伊達男っていったら、ヨーロッパ系かな」「ヨーロッパの伊達男はイタリア？　スーツやシャツのイメージあるけど、帽子ってかぶっていたかな」「となると、紳士の国イギリスかな」…。

そうやって、イマジネーションを飛ばしていきます。「飛ばす」というのは、発想を飛ばすという意味です。言葉通り遠くへ飛ばすことによって、ありそうでなかった、人が「へぇ」と感じるものと出会えます。

帽子のルーツは、現在の定説は古代ギリシャですが、普通に帽子をイメージすると、おしゃれな紳士のいるイギリスもイメージできます。

イギリス紳士がかぶっているようなもの、という仮説だね。

そこから連想するものを次々に出していきます。イギリスといえばユニオンジャック、近衛兵、2階建てバス、広場の時計、橋、アフタヌーンティー、ガーデニング、サッカー発祥の地、ゴルフ、クリケット、乗馬。フォーマル感、きちんとしている、オフィシャル感が漂う、デザインが洗練・・・と、どれも根底に流れているのは、伝統と格式の匂いです。

では帽子といったら「誰のようなもの」でしょうか。プリンセス・ダイアナは、つばの広い帽子をかぶっていたのが印象的です。男性はステッキを手に帽子をかぶっていれば、ジェントルマンです。ここではイギリス起点でイメージしましたが、一旦イギリスは置いといて、帽子をかぶっている人を考えます。芸能人では誰でしょう。

> **寅さん、テリー伊藤さん、オダギリジョーさん、
> 若槻千夏さん、上島竜兵さん。**

「ただ、似合いそう」でイメージすると、北川景子さん、浜崎あゆみさん、中島美嘉さんあたりでしょうか。ピントくるかこないかには個人差があると思いますが、言われてみると思い当たるフシがありませんか。

それでは、アニメだったらどうでしょう。

> **「ワンピース」のルフィー、
> 「ルパン三世」の次元大介、「サザエさん」の波平は、
> お出かけする時にかぶっているよ。**

こうやって出していくと、帽子からイメージされる人は真面目で軸があって、でもチャーミングで、といった要素を兼ね備えているように見えます。

帽子の本質に迫っていくと、この作業だけで十分、ヒントが見つかります。では、なぜ帽子を買うのでしょうか。日照りから頭を守るため？　寂しくなった頭を隠すため？　おしゃれをしたいから？　おしゃれに見られたいから？　理由は様々。

ここでおしゃれの原点を考えると「自分のテンションを上げるため」という理由も出てきます。その多くは「どう見られるか」、つまり「他人の目」に対するためです。

と考えると、帽子が欲しい人は「真面目」「軸がある」「チャーミング」といった要素を伝えたい、もしくはそういう人たちに「なりたい」と憧れる人、という属性が見えてきます。あとは、その属性の人たちがいる場所を目指して世の中に発信していくと、買ってもらえます。

突き詰めると、需要と供給を合致させる、という単純な構造になっているのです。

100トガるより1つのベタ

情報番組に必ずあるコーナーといえば、どんなものでしょうか。朝の情報番組を思い浮かべてみて下さい。例えば、天気予報。情報の中でも、ベタ中のベタです。

ベタとは「よくある」という意味です。「お前、ベタだなぁ」と言われたら、面白さに欠けるネガティブな意味かもしれませ

ん。しかし、ベタにも強みがあります。テレビの民放地上波やＢＳ放送はタダで見られるため、子どもからお年寄りまで不特定多数の人を相手にしています。

となると、ベタの出番です。ベタは尖っていない分、安心安全です。世の中には尖ったものが好きな人がいる一方で、逆の嗜好の人も一定数、存在します。

一般的に、テレビがつまらなくなったと言われている原因のひとつが「ベタ」。かつて、限られたチャンネル数の中に番組がひしめき合っていた時代は、特に深夜帯に尖った番組がありました。しかし多チャンネル化や動画プラットフォームの普及により、テレビから尖ったものが減り、総体的につまらなく見えています。

人の数だけ好みがあるため、多くの人への訴求となると「ベタ」に行き着きます。半径３ｍ以内の人との話題、これから互いを理解しようという段階では「ベタ」に尽きます。

あまり考える必要ないんだね。

偶然、隣り合わせた人にいきなり、好きなラーメンの話を振ることは稀だと思います。まずは天気の話。「降りそうですね」「そうですね」でＯＫ。

そこで天気にまつわる蘊蓄を加えたら、どうでしょう。
「ツバメが低く飛んでいたから、降りますね」
「どうしてツバメが低く飛ぶと、雨が降るんですか」
こうなれば、教えてあげることで相手を楽しませることも

できます。まずはベタから入り、情報をトッピングしながら関係値を尖らせていくのが、半径3m以内では安全なコミュニケーションです。

ベタにネタをトッピングしよう

相手に興味を持ってもらうには、前のめりになってもらうことが必要です。バラエティー番組などでお笑い芸人さんが登場した際に、一発ギャグを披露することがあります。お笑いは普通、フリとオチがセットになっており、そのフリとオチのギャップが大きいほど、笑いにつながります。

とある伝説の芸人さんが、プライベートで飲んでいた時の話。居合わせた客から「面白いこと言ってよ」と頼まれました。なんと返したでしょうか。

その芸人さんは「じゃあ、なんかフッて（フリをちょうだい）」と返しました。すると相手は、黙ってしまったそうです。

いきなり笑いを取れと言われて反応できるのは、漫談師くらいです。いわゆる一発ギャグの場合、世の中に浸透しているものなら、笑いというより、その人のアイデンティティー、音と動作のアイコンです。

キャッチコピーのようなものだね。

そのため、誰かの一発ギャグを他人がやっても「なぜ、あな

たがそれを・・・」という空気になります。普段の生活で一発ギャグをやるのは、小学生までにしておきましょう。あなたがヤケドしないで済む危機管理です。では半径３ｍにいる相手に、フリなしでぶっこむネタは何でしょうか。

それは一発ネタより「お役立ち」ネタです。笑いはその時だけの盛り上がりで終わり、印象に残りにくいもの。むしろ相手の役に立つ情報を伝えた方が、あなたの印象は強く残ります。

 でも、相手が何を欲しいのか、わからないよね。

その通り。ならば、人が興味を持つテーマの最大公約数です。初対面の相手なら、衣食住にまつわるネタがいいでしょう。例えば、春先に相手が鼻声だったとしたら・・・。

あなた「花粉に敏感ですか。だったら、じゃばらがいいらしいですよ」

相手「じゃばら？　何ですか、それ」

あなた「柑橘系の果物です。和歌山県の北山村でしか穫れないんですよ」

相手「花粉症にいいんですか」

あなた「知人が果汁を飲んで、楽になったって。ただ、メチャクチャ酸っぱいです」

この話、因果関係は完全な裏取りができていないので、もしかするとプラシーボ効果なのかもしれません。でも花粉症で苦しんでいる人なら、前のめりになるでしょう。

季節、旬を捉え、日常生活にまつわるものなら、大抵の人

は気になります。相手が花粉症でなかったとしても、身の回りにそんな人がいれば「教えてあげたい」という気持ちになります。自分に関係なくても「人に言いたくなる」という情報は、あなた自身の価値もアップさせるのです。

14.5 文字を意識しよう

あなたはテレビをつけると、画面のどこに目がいきますか。目的なくスイッチを入れて、たまたま映っていたものに興味が湧かなければ「なんか面白いの、やってないかなぁ」と、チャンネルを替えていきますよね。その動作を「ザッピング」といいます。テレビ番組の作り手は、見る人がザッピングした時に、リモコンのボタンを押す手が止まるにはどうしたらいいかを考えています。

その方法のひとつが、サイドスーパー。画面右上に出ている、文字テキストです。本でいう、見出しですね。ひと目で「今、何をやっているか」がわかる表現になっています。

サイドスーパーの起源は、朝の情報番組だと言われています。朝の番組といえば、報道やエンタメニュースをはじめ、天気や占いなど、幕の内弁当のようなものです。

サイドスーパーに決まりはありませんが、人の目が一瞬で判断できる文字数には限界があります。

「Yahoo！ニュース」ではトピックスの見出しが14.5文字以内で表現されています。これが広く知られる前から、テレビの情報番組はサイドスーパーの文字数に気を遣っていました。自分

が担当していた朝の情報番組では、最大15文字。少ない文字数で、2行に分けることもありました。フレーズを考えるにあたり、いくつも候補を出します。バリエーションを変えて並べ、ディレクターやプロデューサーに選んでもらいます。

　テレビの視聴率は1分ごとに計測されています。時計の秒針が12のところを通過する瞬間にどれだけの人が見ているか、そのデータが細かく出ます。

　朝の番組は全体の放送時間こそ長いものの、最初から最後まで見ている人はほとんどいません。最近は在宅勤務が増えたので多少変化があると思いますが、慌ただしい朝に着替えながら、食べながら、鞄に物を入れながら、といった「ながら視聴」が中心で、出勤・登校前の人達が見ている平均時間は15分です。

　朝の番組は短い時間のコーナーの集合体で、定番ニュースは何十分かごとに同じものが流れます。およそ前日の夜に放送された素材を、アレンジして放送するのです。

ニュースはサイドスーパーで、
だいたい内容がわかるよね。

　ながら視聴では「チラ見」が多いので、サイドスーパーはひと目で伝わることが求められます。人と話す際も、前置きが長くなると迷子になるので、まずは何の話題か短く伝えると、相手も聞く準備ができます。

「人気のスイーツがあるんだけど」

「旅行で注目の場所があるって」

「若者に流行っているファッションの話だけど」

　自分は知っていても相手は初耳だと考え、伝える時はできるだけトークテーマ14.5文字の感覚を意識して話し始めると、スームズに伝わるでしょう。

与えてトクするのはあなた

　情報番組で扱う情報はニュースから生活ネタまで、多岐にわたります。特に生活情報は、視聴者の半径3m以内を基準に選ばれます。料理、健康、ダイエットなどは定番。常に視聴者（最近は、生活者と呼びます）の視点を意識しています。

　あなたが半径3m以内の人と雑談する時、話す内容、情報が誰の役に立つだろうか、という視点を忘れないで下さい。「誰」とは相手だけでなく、相手にとって半径3m以内の人（家族、友人、パートナーなど）の役に立つことでもOKです。

　例えばあなたが学生で、経済学を学んでいるとします。経済の話は汎用性がありますが、マクロやミクロだとかケインズと言われても、一般的には馴染みが薄いかもしれません。

　自分が当たり前だと思っていることが、相手にとっては特別であることもよくあります。大切なのは、自分には当たり前で役に立たないことが相手の役に立つかもしれない、という考え方を持つこと。そのためには自分の強みを知り、相手の目線で作り直します。「これは誰の役に立つだろう」「相手は何が必要なのだろう」という問いを、常に自分に投げかけます。

　人は誰しも、自分を客観的に見ることが苦手なもの。相手

も自分を客観視できないなら、あなたが手伝ってあげるだけで役に立ちます。

 誰でも相談できる相手って必要だね。

　相手が転職を考えているとします。しかし、自分では何が適職なのか、わかっていません。ならばその人の経験やスキルを聞いて、それがどういう人の役に立つのか、希望している業界や企業があるとしたら、その業界や企業が求めていそうなことを一緒に考えてあげます。

　このパターンなら、あなたに専門的な知識がなくてもできます。本書の84ページで説明している「具体⇒抽象⇒具体」の思考プロセスを応用するのです。相手の専門性をそのまま使うのではなく、一旦抽象化し、水平移動して、別の役立て方に落とし込む。

　人間関係はギブ＆テイク、という考え方があります。一方でオススメなのは、ギブ＆ギブです。

 えっ？　与える一方なんて損じゃん！

　気持ちはわかりますが、損の基準をどこに置くかによって、意識は変わります。お金のように目に見えるものは、あげてしまえば目減りします。相手の相談に乗った場合、あなたの時間は減りますが、お金は減りません。

　あなたが転職相談に乗り、相手が自分の強みに気付いたなら、あなたは「ありがとう」と感謝されるでしょう。ありがとうと言われることで、あなたは自分の存在意義を感じることができます。半径３ｍ以内の関係も良くなるでしょう。ちょっとした積み上げですが、繰り返すことであなたのアイデンティティーは強くなっていきます。筋トレがあなたを裏切らないように、「ありがとう」もあなたを裏切りません。

「ありがとう」で、あなたの自尊感情も上がります。自尊感情の効用については、のちほどお伝えします。

　相手に与えることでもたらされるいいことは、まだあります。先ほどの転職相談で、あなたは相手の視点で考え、同時に、自分にはない視点に気付きました。他人の視点をどれだけ持っているかは、何よりも強力な武器になります。そもそも人間は自分を客観視するのが苦手ですから、他人の視点を持つことで、弱点を補えます。

　与えることの良さは、まだまだあります。相手に与える過程で「あ、アレもいるな、これが足りないな」と思ったら、解決するために、次のインプットをするでしょう。インプットするための検索、読書、聞くことは、生きた学習です。「自分で問いを立てて、自分で答えを探しに行く」というプロセスを踏める。このプロセスは、日本の教育に最も足りない部分です。

　ここでひとつ気にするべきは「見返りを求めない」こと。人は恩を感じるとお返しせずにはいられない「返報性の原理」が働きます。それでも、何かしてあげた相手には期待しないことです。むしろ、しない方がいいです。

どうして期待しない方がいいの？

　理由は簡単。相手が何かしてくれるだろうと期待したのに、何もしてくれなかったらどうでしょう。凹みます。「期待したことが期待通りになった喜び」と「期待通りにならなかった場合のダメージ」では、後者の方が大です。ダメージ以上の喜びを得られるのは「期待以上のものが返ってきた時」だけ。

　ゴルフの「ＷＧＣアメリカンエクスプレス選手権」、2005年のプレーオフ（決着つかずの延長戦）でのこと。タイガー・ウッズ選手はパットを沈め、あとは相手（ジョン・デーリー）次第となりました。相手が次打で入れれば次のプレーへ、外せばウッズ選手が優勝です。

　運命の一打、相手がパターを打った瞬間、ウッズ選手は心の中で「入れ！」と念じました。入ったら自分の勝利の可能性は一旦、消えます。

　ウッズ選手はのちの勝利インタビューで、次のように明かしました。

「入るな！」と念じて入った場合、自分はがっかりしてネガティブな気持ちのまま次のプレーに臨まなければならない。しかし「入れ！」と念じて入った場合、自分の願いが叶うのだから、がっかりすることなく、次のプレーもポジティブな気持ちで臨めるから――。

　半径３ｍ以内の人とのコミュニケーションでも、相手が困った状況で自分の自尊心が満たされるように感じたら、むしろ助けることで相手の満足に貢献した方が、あなたにとっても健全です。

街ぶらで自尊感情が高まる

　ロケ番組の定番といえば、「街ぶら番組」です。これが数多く増えた理由は、番組制作のコストパフォーマンスがいいから。タレントさんと半日もロケすれば、ちょっとしたＶＴＲが作れます。

　ロケ先で多いのは、商店街。都内だと武蔵小山、戸越銀座、巣鴨、大山、砂町、赤羽、吉祥寺、十条、高円寺あたりには、毎日のようにロケ隊がいます。

　街ぶら番組の元祖は、1992年から放送が続いている「ぶらり途中下車の旅」（以下、ぶらり）。著名人が旅人となってテーマとする鉄道路線に乗り、気が向く駅で下車して街を散歩。気になるものを見つけたら立ち寄って、地元の人と触れ合います。30年近く続く長寿番組として広く知られているのはもちろん、数多ある街ぶら番組に負けない優位性があります。

 何が違うんだろう。

　番組の作り方です。ロケ番組をやる時は、まずロケ候補地を実際に見に行くロケーション・ハンティング、通称ロケハンを行います。「ぶらり」では、そのロケハンを徹底的に行っています。

　よくある街ぶら番組は、既に別の番組で扱ったネタなど、ネットリサーチで集めたものである程度、歩留まりが見えてい

るネタを決めてから、現地視察します。

　一方の「ぶらり」は制作ディレクター、アシスタント・ディレクターが実際に下車して周辺を歩き回り、まさに足でネタを稼ぎます。ローラー作戦にかける時間は、放送1回につき、およそ2週間。制作者が五感で感じて「面白いから視聴者に伝えるべき」という判断を、現場で行っているのです。

　街ぶら番組の基本は、人との触れ合いです。そこにいるのがどんな人なのか、実際に話してみてわかること、気付くことがあります。

　ネット情報には限界があります。店の人の見た目が強面でも、実際に話してみたら人当たりがいい、ということもあります。この「実際に触れ合う」によってネタを見つけることが、自尊感情と関係します。

　自尊感情とは、自分が自分の評価を受け入れ、自己決定できること、人間関係の中でしっかり生活していると感じることです。「ぶらり」のロケハンでは、いつ当たりが出るかわからない中、五感を研ぎ澄ませて、ひたすら歩き回ります。ちょっといいなと思っても「何かフィットしない」のが当たり前。そのため、自分のアンテナに引っかかったものが当たり目だった時には、自尊感情が上がります。

　みなさんも街を散歩していて「ここ、いんじゃないか」と直感で入ったら当たりだった、食べ歩きでたまたま買ったら美味しかった…「これ正解だったね」ということがあると思います。

　自尊感情は、全ての行動エネルギーの源泉です。人は感動した時に、行動変容が起こります。テレビ番組がきっかけで出か

けたり、購買行動を起こしたりするのは自己判断。自分が「いいね」と肯定したから、行動を起こします。

　心理学によると、私たちは1日あたり6万回、思考し、その約80％がネガティブになりがちだといいます。「なんか、めんどくさいな」と感じると「どうすれば、やらずに済むかな」という理由を考え出す、アノ感じです。すぐポジティブに行動するのは、一筋縄ではいかないようです。

　もっとも、ネガティブ思考80％が全てＮＧではありません。「なんか、めんどくさいな」は、あなたを危険から回避させようとする信号でもあります。「宿題いやだな、面倒だな」と思った時、自尊感情が低い状態では「後回しにしよう」となります。しかし、自尊感情が高い状態では「とっとと片付けて、次のことをやろう」「これを提出すると、レベルアップできる」と、前向きな行動に移せます。そして自尊感情と近い感覚が、自己肯定感です。

　日本人は世界的に見て自己肯定感が低い、というデータがあります。先進7カ国の高校生を対象にしたアンケートで、自己肯定感の高い人の割合は第7位でした。

 どうして、日本人の自己肯定感は低めなんだろう。

　自己肯定感は、環境に影響されがちです。子供の頃、周りに自己肯定感の低い大人がいると「いずれ自分も、こんな大人になるのか」と思ってしまいます。

　逆に自己肯定感が上がれば、いいスパイラルに入っていけ

ます。すなわち・・・。

　問題に立ち向かう時、前向きに挑める⇒思考が肯定的になると、思うように行動しやすくなる⇒ストレスが減って、まずやってみようという気持ちなれる⇒可能性を信じることができる⇒さらに自己肯定感が上がる⇒プラスのスパイラルに入っていける、という具合です。

 自己肯定感を高めるには、どうすればいいかな。

○自己肯定感の高い人のそばにいる
○話上手な人を観察する
○小さな成功体験を積む

　日本人の自己肯定感を底上げするためには、大人が率先して子供たちをサポートすることです。

　長年、子供の造形教育に携わっている図工の先生が、あることに気が付きました。子供はハサミを使えるようになると、自己肯定感が上がるということです。障害のある5歳の子が初めてハサミに触れ、紙を切ったことをきっかけに、時間を忘れて紙切りに夢中になったといいます。

　小さな子供がはさみを使おうとすると、保護者によっては「危ないから」という理由で、取り上げてしまいます。保育園や幼稚園の中には、ハサミを禁止しているところもあります。

うまくできないことも、学びなんだけどね。

　すると子供は「先生、やって」「ママ、やって」と、自分で
やらなくなり、主体性の欠如につながります。禁止しないまで
も「ハサミは危ないです」と小言が先行すると、子供の心は萎
縮します。しかし、自分で紙を切れることがわかり、ちょっと
した造形物を作れると、「できる」という小さな成功体験を味
わえます。

　子供はほんのわずかな成功体験で、輝き始めます。「また、
やりたい」「お家に持って帰っていい？」「ママに見せたい」。

　この「また、やりたい」は、自分の好みを発見した証拠です。
自己肯定感は学びの原動力。「ママに見せたい」は、プレゼンテー
ションの原点。ママの喜ぶ顔を見ようとするモチベーションが、
次の成功体験につながります。大人が一方的に危ないと考える
ハサミが子供の自己肯定感を育み、未来の力を作っていくと思
います。

**⇒ハサミの使い方を学べる創作絵本を、ご希望の方にプレ
ゼントします。詳細は巻末をご覧下さい。**

主語はいつでも「相手」

　テレビを見る時、どのくらい「見よう」という気持ちで視聴
しているでしょうか。「ただ、ボーッと見ている」「お得な情報
を入手したい」「何が流行っているか、知りたい」・・・。

　地上波、ＢＳ放送はタダで見られます。タダとはいえ、作る側は見る人が得する情報を提供しようと、必死にネタを探しています。制作現場は常に、見る人の気持ちで作っています。

　情報番組で、特に世の中の流行り物、トレンドを紹介するコーナーを長年担当していると、嫌でも新しい情報に触れ続けます。干支が一周する頃には、トレンドの栄枯盛衰が俯瞰できるようになりました。かといって、次に何が来るかまではわかりませんが、タピオカに３度目のブームが来たように、一度、天下をとったサービスやグッズには「人の心を摑む何か」があります。年月を経て再び形を変え、再ブレイクする「歴史は繰り返す」ということも。人の琴線は、時代が変わっても同じという原則があるからです。

　ネットの世界では、いち早く手をつけた人が先行者利益を手にする傾向がありますが、テレビでは一歩先より半歩後くらいがちょうどいいとされています。それは、テレビがマスメディアだからです。尖ったものを紹介しても、それがテレビの企画として流行るかどうかとは別。テレビでは世帯視聴率15％を超えれば花丸です。

　マーケティング理論では、新しい商品やサービスが広がっていく過程で、消費者が16％のラインを超えるかどうかが、大きく跳ねる試金石とされています（残りの84％は、周りを見てから購入するかどうかを考える）。つまり、16％のところに溝（キャズム）がある、というものです。

　16％の心を摑むというのは、テレビ視聴率の考え方を見ても、関係がありそうに思えます。ひとりでも多くの人に見てもらうためには、尖りすぎでもベタ過ぎでもない、ほどよい塩梅

のネタが求められます。いい感じのネタというのは抽象的な暗黙知なので、現場が中心になってネタを探します。

　一方で、番組には日々、様々な情報が寄せられます。企業からは自社の商品やサービスを紹介してほしいといった案内が、ファクスで情報番組のスタッフルームに送られてきます。

 テレビには、ファクス文化が残っているんだね。

　また、企業の広報担当者やＰＲ会社という宣伝のエージェントが売り込みに来ます。ＰＲとは Public Relations（広報）の略語。直訳すれば、Public とは公共、社会。Relations は関係です。つまり、ＰＲとは社会との関係を作るという意味であり、社会を起点、主語にした考え方です（混同しやすいものに、プロモーション、アピールがありますが、別物です）。

　情報を寄せてくれるのはありがたいのですが、番組は視聴者が求めている、必要としている情報を発信するために存在します。そのため、自社のメリットのために商品を「アピール」しても、取り上げることはできません。

　ただ、売り込み方ひとつで、印象は変わります。次のうち、どちらが好印象でしょうか。

「当社の商品、品質が大幅にアップしたので、番組で紹介して下さい！」
「当社の商品、世の中の不便を解消したので、番組で紹介して下さい！」

　もちろん、後者です。お客さん（視聴者）にとって、なぜ「役立つ」のかを明確に説明できるなら、制作する側にとって「それなら放送しよう」となります。

　半径３ｍ以内の人と話す時も、自分のことばかりアピールするより、相手の視点で「役立つ」情報を伝えれば、自然とあなたの話に耳を傾けてくれます。

悔しいけど仕方ない「早いもの負け」

　世の中のアイディアは全て、既存のものの組み合わせ。様々なアイディアが実を結ぶかどうかのカギは、「何」より「いつ」の方が重要だと思います。「いつ」というのは、世の中の需要と関係します。その点では、商品サービスの質がある一定レベルを超えると、コンテンツの価値は受けて側が決めることになります。

　今まで番組の企画を、数え切れないほど提案してきました。通らなかった企画と同じようなものがその後、どこかでやっているというのは日常です。

「ＺＩＰ！」という朝の情報番組があります。放送スタートは2011年４月。番組の立ち上げ作業は、その半年前に始まっていました。どんな内容にするか、アイディア出しが続く中、ある企画を提案しました。

「ＺＩＰ！」の初代メインパーソナリティーにタレントの関根麻里さんが起用されることは、決まっていました。関根さんと

いえば、アメリカの大学でメディアを専攻して首席で卒業、バイリンガルタレントの中でもトップクラスの方です。

提案したのは、彼女の国際性という点から「関根麻里さんが成田空港で来日外国人を捕まえて、どこに行くか密着する企画」。結論から言うと、この企画は着地しませんでした。

ところが1年半後、テレビ東京で「YOUは何しに日本へ？」が始まり、「提案した企画まんまじゃん！」と、ズッコケそうになりました。「ZIP！」のチーフディレクターも覚えていて、「あの企画、早すぎだったね」と同情されました。こんなことは日常茶飯事。何を提案するかより、いつ提案するか。機を見ることが全てです。

タイミングといえば、もっと惜しい話があります。日本のAIのリーディングカンパニー、株式会社シナモンのCEO、平野未来さんは2005年に、短文投稿のアプリを作りました。「日常のちょっとしたことをつぶやく」プラットフォームです。短文投稿といえば・・・そう、アレです。

当時、平野さんのアプリはブレイクしませんでした。その半年後、Twitterが現れます。ほんのちょっと早かった・・・。宇宙時間で考えたら、瞬きすらできない時間差。短文投稿アプリは機を逃したかもしれませんが、平野さんは今や、日本を代表する女性起業家として成功しています。

あらゆる情報がほとんどタダで、いつでもどこからでも入ってくる時代。大事なのは、玉石混交の情報を目利きして、アウトプットするタイミングです。早くても遅くてもNG。

創造系の仕事をしている人の多くは、常にアンテナの感度バリ5で、イノベーション理論の上位2％に入る人が多いです。

しかし感度が高いほど、想定外の落とし穴にハマります。それは「早いもの負け」です。

早いもの勝ちではなく、早いもの負け？

　早すぎて、時代がついて来ないことがあります。Mac、iPhone で負け知らずに見えるアップルでさえ、時代が早すぎて売れなかったアイテムが存在します。

　1993 年に発売された「Apple Newton」（最下位モデル 699 ドル）は、液晶画面を備えた世界初の携帯情報端末。手書き入力に対応し、単 3 乾電池 4 本で稼働しました。今の iPhone やタブレットＰＣの先駆けですが重く、ポケットに入らないサイズ。時代を先取りしすぎていました。

　その翌年に発売された「Apple QuickTake」（749 ドル）は、デジカメです。後継で 2 機種がリリースされましたが、97 年にスティーブ・ジョブズがアップルに復帰すると、デジタルカメラ事業から撤退しました。

　さらにパソコンの Mac に i が付く前、アップルの創業 20 周年記念モデルとして開発された「スパルタカス」という Mac。キーボードが革張りなど贅沢仕様で、価格は 7499 ドル、世界限定 1 万 2000 台。しかし、在庫過剰で価格が下がり、ついには 1995 ドルで販売されました。

　アップルでは、ゲーム機も発売していました。「Pippin」という、ＯＳは Mac との互換マシン。日本でも 1996 年 3 月に、バンダイから「ピピンアットマーク」として発売されましたが、

売上は伸びませんでした。これらは製品の性能や品質よりも、市場とマッチしなかったタイミングの問題でもあります。

　コンテンツを作る人たちは、常に「次、ナニ来る？」というアンテナを張っています。「来る」タイミングには地域差もあります。企業が新商品をマーケティング調査する時、日本の真ん中あたりという理由からか、静岡県でモニタリングが行われます。最近は大分県でも実施されるようです。

　今や新しい情報はインターネットを通じ、一瞬にして拡散されます。しかし、実生活の体感として広がるまでには、タイムラグが生じます。情報は半径3ｍ以内に入って来ることで変化を感じ、自分のものとなります。かといって、自分が知っていても、相手も知っているとは限りません。テレビが扱うネタはだいたい半歩遅れくらいですので、半径3ｍ以内での話題にはちょうどいい塩梅かもしれません。

> **まとめ**
>
> **相手の興味は「面白さ」より「役立つ」かどうか。
> 情報の価値は、提供するタイミングで変わる。**

スタジオに戦慄！

押し間違えたら サヨウナラ

　情報番組といえば、生放送。テレビの使命である「なぜ今、コレを伝えるのか」を考えると、ライブで伝えるということに行き着きます。今や即時性で比較するとSNSに軍配が上がりますが、生放送の内容がネットに上がるのを見ると、テレビから発信する内容には影響力があることが伺えます。

　毎日、朝昼夕夜に決まって放送があるテレビ番組。24時間休みなく作り続けられ、現場はさながら戦場です。実際に戦場に行ったことはないので、「学園祭前の追い込み」と言った方が適切かもしれません。

　そんな生放送の「追い込み感」がリアルに伝わる放送がありました。テレビ東京の看板番組「ワールドビジネスサテライト」が2020年11月27日に、生放送直前の1時間をYouTubeで生配信したのです。

　これは画期的です。どれほど画期的かというと、そもそも報道局の中をライブで見せることには相当のリスクが伴います。映してはいけないものが映ってしまう可能性もあるからです。生放送だから、映ってしまったら、編集で隠すことができません。

　それでも放送直前に何が行われているかを、余すところなく見せていました。言うなれば、製品の生産工場の現場を大公開です。

　固唾を呑んで配信を見ていましたが、生放送の番組に長く携わっている同業者として、正直、「よくここまでリアルに見せちゃったな」という印象でした。隅から隅まで、何もかもを見せていたのです。裏側のリアルを見せることで、視聴者の信用は高

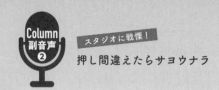

●こんな人が半径3m以内にいたら困る！

まったと思います。

　ウェブではアーカイブを公開。「WBS舞台裏ライブ」とネット検索すると出てきます。配信では事前に作るVTRの編集風景や、普段は声しか聞けないナレーターさんが顔出ししていました。

　生放送で流すVTRのナレーションには、事前に録っておく「完パケ（完全パッケージ）」ものと、生で読む「生ナレ」の二通りがあります。事前に録る場合、原稿を噛んだら「録り直し」が利きますが、生ナレは一発勝負です。

　ならば全部録っておけばと思うと、そうはいかないケースがあります。当日に発生した事故や事件の場合、映像だけつないで間に合わせ、ナレーションは生であてることがあるのです。原稿を

作るのは報道番組なら記者、情報番組ならディレクターや放送作家です。

　かつて平日午後に生放送の情報番組を担当していた時のこと。通常は早朝にテレビ局へ行き、当日放送のＶＴＲをディレクターと一緒に編集しながら、ナレーションを書いていきます。

　ＶＴＲの数が多いと、局内の編集所に詰めて作業します。出来上がった原稿はアウトプットして、ナレーションをあてる部分と合っているか読み合わせ。大丈夫なら紙の原稿をナレーターさんに渡します。番組内でＶＴＲを出す時刻が決まっているため、毎回追い込み、まさに学園祭前の「わちゃわちゃ感」の中での作業でした。

　その中でも、心臓が止まるくらい追い込まれた時がありました。生放送30分前、その日は自分の作業が早めに終わったのでスタジオにいたところ、チーフディレクター（複数いるディレクターのトップ）が顔面蒼白で駆け込んできました。

「誰か！　これ、ナレーション、どうにかして！」

　スタジオに戦慄が走りました。「これ」とは当時、話題になっていたアメリカ映画を紹介するＶＴＲだったのですが、担当ディレクターの作業が遅れ、ナレーションがついていない状態だったのです。

　当初はディレクターが原稿を書くはずだったのに、映像を編集するのに精一杯でナレーションまで手が回らず。業を煮やしたチーフディレクターが編集こそなんとか仕上げたものの、ナレーション原稿まで追いつかず‥‥。

　その時、手が空いていたのは自分だけだったので、急遽、フォローすることに。とはいえ、5分ほどのＶＴＲのナレーション原稿は、事実確認をしながら1時間以上かかります。放送まであ

と30分。その映画はたまたま自分が担当していた別の番組で扱っていたので、あらすじを知っていました。チーフディレクターは、

「完璧でなくていいから、ポイントだけでも入れて！」

と泣きそうな顔で訴えます。

慌ててスタジオ前室で映像を見ながら、ノートパソコンに原稿を打ち込んでいきます。映画のダイジェストなので、役者がセリフを言っているところ以外、情景の部分をナレーションで埋めていきます。

ＶＴＲをスタートさせる時刻は決まっています。手が何本あっても間に合いません。放送まであと1分、ノートパソコンを抱えてスタジオ脇にいるナレーターさんのもとへ。原稿をアウトプットする時間がないので下読みせず、全てぶっつけ本番に。

ノートパソコンの画面を見せながら、▼キーで少しずつスクロールします。違うキーを押してしまったら即アウト、サヨウナラです。

あれほど生きた心地がしなかったのは初めてでした。なんとか乗り切り、放送後に改めて録画を見てみると「こんなんで伝わるのか？」という印象でした。

テレビは翌朝、視聴率の推移を折れ線グラフで見ることができます。ドキドキしながら、映画を紹介した部分のグラフをチェック。生きた心地がしなかった約5分のくだり、グラフは右肩上がりでした。「話題性のある画なら、ナレーションって添え物なんだな」という複雑な思いだけが残る体験でした。

第3章

バラエティー番組から
学ぶ「つながり」は
「強さと弱さ」

大事なつながりには2種類あった

　あるバラエティー番組での企画。日本最西端の与那国島で出会った人に「明石家さんまさんを知っていそうな人を紹介して下さい」とお願いし、紹介してもらった人を訪ね、同じようにさんまさんを知っていそうな人を一人ずつ辿っていったところ、7回目で本人に会えました。

　あなたに知り合いが23人いるとします。その23人にも、重複しない知り合いが23人いて・・・と辿っていくと、6回目は23の6乗で約1億4800万人、日本の人口を超えます。つまり計算上では、6回辿れば日本人の誰とでもつながります。

　これは「六次の隔たり」といい、誰でもどこかでつながっているという仮説です。人は6つ以内の接続でつながっていて、間接的にはみな知り合い。これは人だけでなく、モノにも当てはまるようです。

世界中の人に当てはめると、どうなるんだろう。

一人あたり44～45人の知り合いがいれば、6回辿ると誰にでも行き着けるよ。

　ある時、さんまさんが自分の財布の中に「さんまさん！いつかあなたの手に届くことを願ってます。大好きです」と書

かれた千円札を見つけました。テレビ番組で話したところ、30年前に自分が書いたという女性が名乗り出て、ご対面。筆跡鑑定で、女性が15歳の時に書いたものと特定されました。

　人同士のつながりはＳＮＳ時代になり、より実感できるようになっています。Facebookをやっていると、設定次第で友達のつながりまでがガラス張りです。普段、全く別のコミュニティーにいる知り合いたちがつながっているのを発見、というのは日常茶飯事です。

　Facebookは原則、実名登録。どこの誰かわかった上で、つながっているケースが多い、「強い」ネットワークです。Facebookで「友達」として承認するのを、面識のある人に限定しているユーザーも見かけます。友達同士の距離が近めなので、投稿には「いいね」や「コメント」もつきやすいのです。ただ、情報の拡散性は低いといえます。

　一方、TwitterはFacebookに比べて匿名性があり、簡単にフォローもできます。フォローしている人と面識があるケースは圧倒的に少ないでしょうが、情報の拡散性はあります。情報拡散の点で見ると、Twitterのように、ちょっとしたつながりの「弱い」ネットワークも大きな力を持っています。

強いか弱いか、つながりの太さによるんだね。

「弱いネットワーク」という考え方は、Twitterが登場するよりも33年前の1973年、アメリカの社会学者、マーク・Ｓ・グラノヴェッターが「The strength of weak ties（弱い紐帯の強

さ）」という論文で、仮説を立てています。

　グラノヴェッターは1970年、ボストン郊外に住むホワイトカラーの男性282人を対象に、労働者がどうやって仕事を見つけるかという調査を行いました。すると56%が人のつながりから職を見つけ、さらにつながりの中でも、弱いネットワークから得た情報で転職した人が高い満足を感じている傾向を見出しました。

 どうして、弱いネットワークの情報に満足するの？

　仕事を探している人がいる強いネットワーク内の情報は、すでにお互いに知っているものであることが多く、逆に弱いネットワークから届く情報は、新鮮で重要なものと感じるからだといいます。

　グラノヴェッターによると、弱いつながりは強いネットワーク同士をつなげる架け橋として働き、情報が拡散するための大事な働きを果たします。強いつながりはエンゲージメントこそ高いものの、同時に同質性や類似性も高いため、ここだけに頼っていると、求心力と共に孤立していく可能性が高まります。そのため、情報の拡散や新たな情報を手に入れるには、弱いネットワークが必要なのです。

　弱いネットワークとつながるためには、ＳＮＳでも積極的にコミュニケーションを取ることです。Twitterで知らない人がコメントを寄せてくれた時には、とりあえずリプ（返答）する。違和感を覚えるような絡み方をしてくる人はスルーでいいと思

いますが、せめて「なぜ、絡んできたのだろう」くらいは考えてみると、弱いネットワークを広げるヒントを得られるかもしれません。

学生時代、定期テストが近くなると、過去問題が回ってくることがありました。誰かがどこから手に入れたのかわかりませんが、普段からクラスメートとつながっていると、テストも心配無用。しかし、周囲とのつながりが薄い人は過去問題の存在すら知らず、普通に受けて（それが当たり前ですが）単位を落とすというケースも見られました。

この例での注目ポイントは「過去問題を入手した人」です。あなたに過去問題をくれた人は、あなたと「強いつながり」を持つ人です。その人から辿った先には「入手した人」がいます。さらにその先には「弱いネットワーク」が広がっている可能性があります。なぜなら、情報ネットワークの中で最も恩恵を受けるのは「強いつながり」と「弱いネットワーク」をつないでいるキーパーソンだから。過去問題を入手した人＝キーパーソンと考えられるのです。情報が爆発している今、闇雲に情報を取り入れることには限界があります。

あなた自身が強いつながりと弱いネットワークのキーパーソンになる、もしくはキーパーソンと知り合いになることで、情報の荒波を乗り越えられます。経営者などのリーダーをはじめ「身近な人を幸せにしたい」という考えを持った人たちは、キーパーソンである可能性が高いです。

彼らはまず与えるということが様々な実現への王道だ、ということを知っています。情報は王道に集まってきます。あなたの周りでは、どこに王道が走っているでしょうか。神様は全

てお見通しというように、良いこと悪いこと、自分の行いは巡り巡って自分に還ってきます。

王道を見つけるには、どうしたらいい？

まずは球を投げましょう。キャッチボールを思い出して下さい。まずは近い距離で肩を慣らし、少しずつ離れていきます。コミュニケーションでも同じ。遠くに投げたければ、近くへ投げることからです。

強いつながりへメッセージを投げると、やがて弱いネットワークを巡って遠いところに届き、「答え」を載せていつか戻ってくる、その時に通ってくるのが王道です。あなたに戻ってきた幸せを辿ると、王道が走っているところがわかります。

たとえ話こそ最強の友

子供向けの科学番組で「無重力で卵を割るとどうなる？」という実験を行ったことがあります。無重力空間があるのは地球外ですから「無重力に近い空間」を探しました。その時のリポーターは、タレントの内山くんこと内山信二さんでした。

内山くんのようなぽっちゃり体型の人は無重力映えする、という演出はともかく、無重力に近い空間を再現できる「パラボリックフライト」を利用しました。

パラボリックフライトとは、ボールなど物を投げた時の、

弧を描くような飛び方のことです。水平飛行から航空機の機首を上げ、約45度の状態でエンジンを停止すると、放物線を描いて飛行します。この放物線が描かれる20〜30秒間、機内は無重力に近い状態になるため、宇宙教育をはじめ、様々な実験で利用されます。

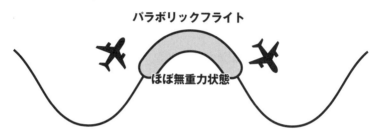

パラボリックフライト

ほぼ無重力状態

　地球の重力から解き放たれて自由になり、再び重力につかまり、落ちてくる。この流れは「たとえ話」を考える時のイメージと似ています。

　バラエティー番組などではよく、「たとえ話」が出てきます。

　ある時、くりぃむしちゅーの上田晋也さんは、天然の度が過ぎるタレントさんに「お前、マグロだったら貴重なのになぁ」と表現しました。天然ほど価値があるマグロにたとえる、類似物への置き換えです。男性タレントさんがオネエ口調になった時は「土佐日記か！」とツッコミました。これは「オネエ口調＝女性のような喋り方をする男性」⇒「男性の紀貫之が女性のふりをして綴った作品」⇒「土佐日記」と、状況の置き換えで表現しています。目の前の出来事を抽象化してから、再び別の具体に落とし込むプロセスです。

女性口調の男性タレント⇒具体的な事実

オネエ口調⇒抽象的な概念
土佐日記⇒具体的な事実

　この時、上田さんの頭の中では「男性が女性のふりをする」という抽象概念の引き出しから、瞬時に「土佐日記」を取り出しました。

　日常会話の中で相手がオネエ口調になった時に「オネエかと思った」では抽象の域を出ていないため、「たとえ」として不完全燃焼です。別のものに「言語化・可視化」されると、思わず膝をポンと叩いて腑に落ちるのです。

　この「具体⇒抽象⇒具体」のプロセスは、誰でも無意識のうちにやっています。「これって、○○みたいだな」と感じる瞬間です。意識的にできるようになると、わかりにくいことを伝える際に力を発揮します。具体的な事実事象を一旦バラバラにして空中に飛ばし、落ちてきた破片のいくつかを拾い集めて別のものにまとめる、というイメージです。一連の流れは、まるでパラボリックフライトのように見えます。

　では、具体⇒抽象⇒具体のプロセスを辿る練習問題です。「回転寿司」と聞いて、何を思い出しますか。

**お客さんの前にカウンターがあって、
レーンの上をお寿司が流れてくる感じ？**

　実際にお笑い番組で「回転寿司」をお題にボケを考えろ、という発注が来ました。「回転」をどうやって解釈すればいいでしょうか。

> 寿司そのものが皿の上で回転している
> 遊園地のコーヒーカップのように皿が回転している
> 寿司がレーンの上をでんぐりがえしして進んでいる
> 寿司を載せた皿が横向きに回転してくる

　上下左右斜めと見る角度を変えるだけでも、ボケのバリエーションがあります。一方、握る人にフォーカスすると、職人が回転しているパターンも考えられます。バレリーナのように水平に回転しながら握る、体操選手のように宙返りしながら握る、といった感じです。

　こういった「ボケ」はロジカルシンキングでも浮かぶので、お笑いネタとしてはフツーです。では、何が正解でしょうか。頭のストレッチだと思って、考えてみて下さい。

恥ずかしい話をコレクションしよう

　「しくじり先生　俺みたいになるな‼」では、著名人が過去にやらかした失敗から学んだことを伝えます。かつて放送されていた「ごきげんよう」のサイコロトークでも「情けない話」「恥ずかしい話」「今だからゴメンナサイ話」「へこんだ話」といった失敗談を明かすものが人気でした。他人の不幸は蜜の味。他人の失敗談は安心して聞いていられます。

　テレビ番組では大富豪など、お金持ちの生活を覗き見する企画も定番です。書籍でも、一代で財を成した人の話など、成功譚が売れた時期がありました。しかし成功譚が増えてくるにつ

れ、「それって、その人だからできたんだよね。普通の人がやっても無理じゃね？　再現性ないし」と世の中が気付き始めました。すると次に失敗談が注目され始め、「失敗から学ぶ」という考え方が時代にマッチしてきたのです。

　松本人志さんの「すべらない話」でも「失敗談」はテッパンのテーマです。共感を呼ぶのはそれだけ、人生には失敗がつきものだからです。

　半径３ｍ以内の人と雑談する時、失敗談は関係を強くする可能性があります。あなたが何かに失敗したら「ラッキー！　ネタ増えた！」くらいの気持ちで、普段からメモをとっておくことをオススメします。自慢話の場合は、盛るより控えめに言う方がいいですが、失敗談は多少盛った方が、面白さがアップします。

 木から落ちた話なんて、恥ずかしくて言えないよ・・・。

　気持ちはわかります。でも失敗談は、相手との距離を変えるには最高の武器です。ひと口に失敗と言っても、いろいろ。ほんのちょっとしたことで構いません。ほんのちょっとしたことほど、誰でも共感できるポイントがあります。「面白さ」は細部に宿っています。話が具体的で細かい画が浮かぶほど、リアリティーが伝わります。

「携帯電話をなくしたと大騒ぎした結果、家に忘れてきただけだった」
「酔って帰宅し、カギが開かないのでピンポンしたら、知らな

い人が現れた。マンションのひとつ違う階だった」
「焼いたステーキが家族に不評なので食べてみたら、塩と間違えて砂糖をかけていた」

　無理に失敗する必要はありませんが、失敗の定義にも個人差があります。ハプニングはコントロールできないため、確度が高いのは、新しいことに挑戦する瞬間です。たとえ失敗しても失敗談のストックが増えるので、「挑戦して失敗した」は一石二鳥です。
　失敗談のコレクションをしながら、同時にやっておくといいことがあります。「しくじり先生」を思い出して下さい。番組のウリはそこに「学び」があるかどうか。あなたの失敗談を聞かされた相手は「この人はココロを開いてくれている」と親近感を覚えるでしょう。ただし、失敗談の中にプラス材料があるかどうか。相手が「おかげで勇気をもらえた。教えられた」となれば、あなたへの信用度が上がります。
　気を付けるべきは、何でもかんでも自己開示すればOKではないこと。「この話、相手にプラスになるかな」という視点です。ひと口に失敗談といっても、大きく３つに分類できます。

○単なるおっちょこちょいミス
○失敗から学習して乗り越えた
○失敗から這い上がる渦中

　ひとつめの「単なるおっちょこちょいミス」は、その場で笑いは起きやすいですが、笑いで終わるだけで、場合によってはあなたの信用度が下がることも考えられます。

　ふたつめの「失敗から学習して乗り越えた」は「しくじり先生」のパターン。学びや気付きを与えることができます。

　注目すべきは、最後の「失敗から這い上がる渦中」。あなたが失敗の最中にいる場合、あなたは自分と向き合い、葛藤しています。無意識のうちにネガティブワードが出たり、相手に慰めの言葉を求めたりすると、どう思われるでしょうか。少なくとも半径３ｍ圏外の人には、マイナスに働く可能性が大きいです。かえって距離が広がってしまいます。

 じゃぁ、3m以内の人にならいいかな。

　いいえ、失敗談は取扱注意。特にオンラインコミュニケーションでは、話が妙な空気で終わると、あとに残るのは「うざい」という印象だけです。心のシャッターを開ける前に「このネタ、出していいかな」という出荷前チェックをオススメします。

「挑戦したから失敗した」という、何かに挑んだけど成功の果実を逃した場合は、「挑戦をした」というストーリーがついています。

　失敗は成長の糧。失敗は挑戦の結果。称賛こそされ、非難には値しません。非難されるのは「挑戦しない人」です。

義務教育に「モノボケ」を

　ウッチャンナンチャンさんの番組で「ウンナン極限ネタバトル！ザ・イロモネア　笑わせたら 100 万円」という番組がありました。

お笑い芸人が、スタジオの観客席からランダムに選ばれた５人（本人は、選ばれたことをわかっていない）を、持ち時間１分の中で、お題に沿って笑わせるチャレンジ。成功すると賞金がもらえるという、「クイズ＄ミリオネア」のお笑い版です。

　様々なお題の中で、芸人さんにとってハードルが高かったのが、モノボケでした。モノボケとは、身近にあるものを使ってボケるバラエティー企画の定番。

　モノボケの構図は、笑いが発生する仕組みそのものです。笑いのネタはフリとオチからできていて、両者間のギャップに比例します。モノボケでは「モノ」そのものがフリで、モノを使って表現した「結果」がオチになります。

　見ている人はまず「モノ」の普通の使い方をイメージするので、思いもよらぬ使い方を見せられることで、笑ってしまいます。「ザ・イロモネア」のモノボケ・ステージで笑いをとったものを見てみましょう。

モノ：バドミントンのシャトル
丸い方を上向きにして、窓に吊るすような仕草で「明日、天気にな〜れ」

モノ：ボウリングのピン、覆面マスク
覆面マスクをかぶり、目の前にボウリングのピンを３本置いて、「３人でかかってくるとは卑怯な！」

モノ：人体模型、体育帽子
理科室にある、内臓が見える人体模型に、体育でかぶる赤い帽

子をかぶせて、「お前、体育の授業、休んだ方がええで」

　今、あなたの半径３ｍ以内には、何がありますか。スマートフォン、マグカップ、ペン、メモ帳、ノートパソコン ・・・。もっと近くにあるのは ・・・ そうです、手にしているこの本。本を使ってボケてみましょう。まずは、本の特徴を挙げていきます。

○素材は紙でできている
○紙が束になっている
○紙に文字が書かれている
○表面にカバーがついていて外せる
○紙の一端がつながっている
○形状が直方体

こうした事実を抽出し、その事実から仮説を立てます。

 紙が束になっているから、貫通しにくいだろう。

　仮説と同じ特徴を持っている、他のものを考えます。「紙が束になっているから、貫通しにくい」という特徴を使うと、「銃で撃たれたけれど、胸ポケットに入っていた本のおかげで助かった」という状況を表現できます。

 素材が紙だから、水に濡れるとふやけて破れるだろう。

その特徴だと、金魚すくいで使う丸い「ポイ」に使えそうです。この一連のプロセスも 84 ページでお伝えした「具体⇒抽象⇒具体」のプロセスで導き出します。

大人より子供の方が、目の前にあるものの機能など詳しい情報よりも、自分が描くイメージから発想するため、「抽象⇒具体」で答えを出しやすいです。

モノボケは、脳の筋トレになります。大人より子供の方が夢中になるでしょう。モノボケが上手かどうかは、頭の柔らかさとともに、相手の精神年齢を測る指標にもなりそうです。

ツッコミは最高のおもてなし

半径 3 m 以内の相手が軽スベりした時、あなたはどんな反応をしますか。「あぁ、サブ〜ッ」「アホなこと言って…」、あるいは未読スルーも。

テレビでも、バラエティー番組はボケとスベりの連続。お笑い芸人さんから文化人まで、バラエティーの世界では、笑いをとったもん勝ちのバトルロイヤルです。そのため、お笑い用語も普通に使われるようになりました。いじる、かぶせる、めっちゃ、よごれ、ごっつ…。

どこかで聞いたことがあるような言葉です。もともとはダウンタウンさんが使って広まったものが多いのです。こういったお笑い用語を何気なく使っていると、なんだか自分も面白くなったような気がしてきます。そのせいか、調子に乗って他人を「いじる」

「ツッコミ」をしている「つもり」になっている人も現れます。

　この「つもり」に落とし穴が潜んでいます。実は「いじり」や「ツッコミ」には「腕」がいります。腕のない人がやると「いじり」ではなく「いじめ」になります。芸人さん同士の会話では「いじり」「いじられ」の役回りがあり、承知の上で、互いに暗黙の了解のもとで「プロレス」をしているのです。

　あるお笑いプロレスの団体では、体を鍛える練習よりリング上での段取りの確認が大事だったため、「100回のスクワットより１回の打ち合わせ」と言っていました。

　お笑い芸人さんの頭の中には常に設定やパターンが蓄えられているので、どちらかが仕掛けると即座に反応して、自分の役回りを演じ始めます。

いじり役A「どうしたん、その頭」
いじられ役B「ナニがですか。いつもと変わらないですよ」
A「なんか、薄なってないか」
B「はぁ、誰がソーシャルディスタンスや」
A「髪の毛がソーシャルディスタンスって、しょーもな」
B「髪の毛同士もウイズコロナですよ」
A「そっか、時代についていってるな」

　周囲の人は妙な空気に一瞬、ヒヤッとするでしょう。しかし本人たちは、どう転がせば面白くなるか探りながら、プロレスしています。ぶっつけ本番トークのスパーリングです。

　こういったコミュニケーションは、普段からやることで鍛えられます。相手との距離、間合い、空気を読みつつ対峙する

合氣道のようなもの。いくらケンカの強い素人でも、総合格闘家にはかなわないのと同じで、日々の鍛錬が必要です。あなたの職場や学校などのコミュニティーで、誰かがいじられている風景を見たことはありませんか。

 だいたい、上司が気の弱そうな部下に絡むよね。

　目上の人が下の人をいじろうとして、一方的にからかっているようだと、絡まれた人は嫌な気分になるだけです。たとえ周りの人が笑ったとしても、それは本当の笑いではなく、低レベルのあざけり、嘲笑にすぎません。絡んだ人は「いじった」つもりで、周りの反応に「自分が笑わせた」と勘違いするでしょう。周囲が笑ったとしても忖度にすぎず、心の中では「ヒドい人だなぁ」という印象だけが残ります。

　本当のいじりとは、相手との間に暗黙の了解があり、相手を面白くしてあげること。同じように、ツッコミはボケた相手に対して「あなたの言ったことは面白い！」と認め、相手に安心を与える気遣いです。真のいじりとツッコミはサービス、心を込めたおもてなし。「周りがサムがっても、私だけはあなたの良き理解者ですよ」と相手を立てる、思いやりの表現です。相手がボケたらまず拾う。そして拾いまくります。

 バレーボールのリベロみたいだね。

　タレントが街歩きをするＶＴＲをスタジオで千鳥が見ながら、気になるところでツッコミを入れる「相席食堂」という番組があります。千鳥の2人は気になったら突然、ＶＴＲをストップさせて、好きなことを言い始めます。中にはコキ下ろしているように聞こえても、実はＶＴＲ中のちょっとした出来事を面白くしているケースもあります。言うなれば、見ている人が気付かない面白さを親切に伝えてあげるホストです。

　半径3ｍ以内のコミュニケーションでは、あなたも相手の話を聞きながら、相手が気付いていない「おもしろのタネ」を芽吹かせてあげて下さい。

　例えば、職場で開かれた歓送迎会。そろそろ締めの時間です。あなたの上司である部長は、お酒が回ってご機嫌。締めの挨拶に臨みました。

部長「宴も高輪プリンスホテルではございますが・・・。あっ！宴もたけなわか」
周囲「・・・・・（うわっ、寒っ！）」
あなた「ぶ、部長！　大やけど警報が出ています！　このままでは大門未知子でもオペできませんので、私がこの空気を引き取らせていただきます（大きく息を吸う）」
周囲「ハハハ（ホッとする）」

　部長がヤケド寸前のところをあなたが引き取り、面白くしてあげるパターンです。

　火事と有事は突然、やってきます。まずは半径3ｍ以内でシャレのわかる人を探して、スパーリングから始めることをオスス

メします。見た目でも、言動でも、何か気になったことでもいいので、振ってみて下さい。笑いのわかる人なら、なんらかの「返し」があるはずです。返ってきたらそれを糸口に、会話を広げます。どうしたら、相手が気持ちよくなるコール＆レスポンスが成立するか。ジャブを打ち続けることで、あなたに「いじり」「ツッコミ」の力がついていきます。

相談でわかる意外な真実

　1971年1月に放送が始まり、今も続く長寿番組があります。「新婚さんいらっしゃい！」。結婚6カ月以上3年以内の夫婦をゲストに迎え、出会いのきっかけから結婚生活まで根掘り葉掘り聞くトーク番組です。2015年には、同一司会者によるトーク番組の最長放送としてギネス記録に認定され、2021年に放送開始50年となりました。トークの中では必ず、夫妻のどちらかが困っていることが明かされ、どうしたらいいものかと話を聞き進めます。人は誰でも悩みを抱えているので、見ていて共感しやすいフレームです。

人の悩みの95％は、人に関係することだよね。

　もし無人島でひとり暮らしをしていたら、悩みは危害を加えてくる虫、生物くらいでしょう。食料のピンチを迎えれば、それは悩みを超えた死活問題。社会生活に比べたら、悩みなんて

ないも同然でしょう。それくらい、社会生活を営む私たちにとって、お悩み相談はテッパンのコンテンツなのです。

　当事者にとっても、悩みを解決したいという明確なゴールがあるため、話の展開が見えてきます。相談するということは、自分の弱みを見せることです。「私、丸腰です」と宣言するようなもの。あしたのジョーなら、矢吹ジョーの両手ぶらりノーガード戦法です。相談された相手は警戒心が緩み、親しみを持ちやすくなります。相談する側の深刻度はさておき、まずは相談することです。他人に聞くことで、ヒントが出るかもしれません。すぐに解決に至らなくても構わない。そこから雑談に広がればいいのです。

あなた「私、昔から勉強が苦手で・・・」
相手「本を読むといいですよ」
あなた「あぁ、確かに。でも字が苦手で」
相手「じゃあ、漫画は？」
あなた「あぁ、漫画なら！　何がオススメですか」
相手「難しい本でも漫画化しているものがあるので、『漫画版』って検索すると、いろいろ出てくると思います」
あなた「探してみます」

　半径3ｍ以内の人に相談する時は、本気で解決してもらおうという期待を持たない方がいいこともあります。

 それって、相手に失礼じゃない？

　相談される方もどこまで背負っていいものか、手探りです。あくまで雑談を広げるくらいの気持ちが◎。

　相談することのメリットは他にもあります。ズバリ、相手が敵か味方かを見極める基準になることです。

　人付き合いでの最大のリスクは「騙される」こと。騙されないためには、人を見抜く目を養うことです。信用するに足りる相手かどうか、すぐにはわかりません。基本的に本人の言うことより、第三者の評価に委ねる方がいいでしょう。

　また、人は環境や状況に影響されやすいため、不変のいい人は少ないと思います。いい人だと思っていたら、借金を背負って人が変わった。いい人だと思って付き合っていたら、うまい話になびいて離れていった。信用できる、できないを「いい人そう」「悪い人かも」という曖昧な基準で考えるのは、避けた方がよさそうです。具体的に「借金の有無」「本業で成果を出しているか」というような明確な要素を決めます。

　そして、ここが大事なポイント。「相手は自分のために本気を出してくれるかどうか」を見極めることです。この点もロジカルに考えれば、「相手は自分に協力する理由を持ち併せているか」「相手は自分に貢献できる力を持っているか」という軸で考えることもできます。

　相手の誠意がわかる方法が、相談です。あなたが相談事を持ちかけた時に、どのように対応するのか。真剣に耳を傾けてくれるか、杓子定規な一般論で、右から左へ受け流すか。相手がどれだけ当事者意識を持つかによって、信用できる相手かどうかがわかると言えます。

AI にできない距離の詰め方

　反対に、あなたが相談に乗るケースもあります。この場合、相手のことをいかに自分事として捉えられるかが大事です。

　例えば、フリーランスで仕事をしている人は、組織に属している人の悩みには共感しにくいことがあります。自分だったら・・・と想像しようとする前に、相手への敬意を持つと、自分事化しやすくなります。敬意を持てば、伝える言葉も上からの物言いになりにくいのです。

他人事だと、言葉も素っ気なくなりがちだよね。

　相手のためを思ってのアドバイスが「余計なお世話」にならないよう、気を付ける必要があります。本当に相手のためになっているか。単に自分の欲求を満たして、マウントをとっているだけではないのか。相手がナーバスになっている時は、何気ないひと言が刃物と化す可能性があります。まずは敬意を払い、理解するところから始めるといいでしょう。あなたからも質問して相手を理解しようと心がけ、相手から求められたら答える、という構図です。この時に大事なのは「聞く」こと。

　受け身のようでいて、能動的に前のめりで聞きにいきます。最近は聞く力と称して、傾聴力にまつわるテクニックも出回っています。「しっかりうなずく」「目を見つめる」「パターンを変えたうなずき」「質問の仕方」「相手の仕草を真似する」「相

手のペースに合わせる」「相手の言葉を繰り返す」といったものは、ちょっとしたテクニックにすぎません。聞くための本質とは別です。大切なのは、相手の温度感を正しく捉えること。相手を自分に憑依させるくらいの姿勢が、本当の聞くスタイルです。

　聞きながら「相手の価値観は？」「本当に言いたいことは、何だろう」「見えていない悩みの核は、どこにあるのだろう」という、まるで探偵のような気持ちで相手と共鳴します。

　本気で聞いていると、自然に質問も出てきます。
「それって、どういうことですか」
「よく理解できなかったので、もう一度言ってもらえますか」

 じゃ、反対にやってはいけないNG事項は？

　わかったつもりで聞き流すことです。通常、相手が話している時に急に割り込むのは失礼です。しかしプレゼンと異なり、プライベートな悩み相談であれば、わからないと思ったらその場で解決していく方が、あなたの親身さが伝わります。

　そこに忖度や同調は不要です。そもそも、人の価値観はバラバラ。完全なる一致はないものという前提で、相手との違いを理解しながら距離を詰めていくことが大切です。

　社会の様々なサービスが、ＡＩにとって代わられつつあります。しかし、ポジティブに聞く姿勢を持った距離の詰め方は、ＡＩにはできないアナログなプロセスだと思います。

何でもエンタメにチューンナップ

　漫才やコントで大切なのは「間(ま)」です。間とは余白。間によってリズムが生まれます。テレビ番組は放送時間に限りがあるため、編集によって間が削がれることがあります。「瞬間ごとに何かが起こっていなければならない」という意識が働くせいか、間を埋めにいこうとします。

　日常のコミュニケーションでは、初対面の人と「間がもたない」ことがあります。コミュニケーションはおもてなしです。半径3ｍ以内の人には特に良質なおもてなしを提供したいもの。できるだけ不自然な間を作らないようにするには、どうしたらいいでしょうか。

 ひたすらしゃべり続ければいいんじゃない。

　つまり、言動の番組構成化です。テーマ、目的、ゴールを設定して、半ば強制的に流れを作ります。バラエティー番組は「VS.」や「競争」といったゲームの構図にあてはめ、参加者を盛り上げる手法が常道です。「どっちの料理ショール」「ゴチバトル」「帰れま10」・・・どれも料理を使ったバラエティー番組です。

　料理を出して食べるだけでは盛り上がりませんが、設定を足すことで、見え方がガラリと変わります。「どっちだろう」「全部、当てられるかな」「いくらだろう」という軸が加わると、ドキドキして見ることができます。このドキドキするための軸

が、バラエティー番組のキモなのです。

　私達が何気なく交わしている会話は、テキスト素材にすぎません。ここに軸を設定することで、あえて緊張と集中を呼び込みます。漫然と話すより会話に目的があると、熱くなって中身のある流れが生まれます。

　半径３ｍ以内のやりとりでは、あなたの中でゴール設定しておけばＯＫです。例えば、あなたがアルバイトの面接に行きました。廊下で待っている時、たまたま隣り合わせた人とひと言ふた言交わしましたが、会話にならず。黙って緊張しているのもなんだし、この気まずい時間を埋めたいと思ったら・・・。

あなた「ここのバイト募集、何で知りました？」
相手「あ、ネットで・・・」
あなた「結構、来てるみたいですね」
相手「そうですね」
あなた「倍率、高そうだなぁ」
相手「・・・・・・」
あなた「まぁ、でも大丈夫っすよ。ほら、みんな顔がこわばっているし」
相手「ふふふ・・・」
あなた「今、出てきた人も」
相手「そうですね」
あなた「その後ろは・・・」
相手「なんかいい感じ？」
あなた「僕もそう思います。合格ですね。じゃあ、次の人は？」
相手「あ、合格かな」

あなた「そうそう」

　隣の人と審査員になって合否を当てる「出口調査」ごっこで盛り上がります。軸が決まると、その過程でいろいろな言葉が出てきます。この場合、合格した人、不合格そうな人と、広がっていきます。

あなた「あの人、帰りにスタバで自分へのご褒美に、キャラメルフラペチーノ買いますね。いつもはショートだけど、今日はグランデだな。間違いない！　スタバカード1000円分賭けてもいい」
相手「ははは」

　こうやって、膨らませることもできます。相手が何かひと言でも発してくれたら「ワード」「ひずみ」をきっかけに、つっこんで笑いを誘うのがおもてなしです。
　これはあなたが置かれた状況に応じ、様々な番組を使って応用できます。簡単なのは、クイズ番組。相手の簡単なプロフィールを当てにいく、というゴールを設定します。

 合コンでありそうなシチュエーションだな。

　プロフィールが当たった場合のインセンティブも設定しておきます。あなただけテンションが高いと相手が置いてけぼりになるので、自然な流れで少しずつ巻き込んでいきましょう。

　商談の場に、先方が2人で来たとします。ひとりは初対面。知っている方に電話がかかってきて、部屋を出て行ってしまいました。初対面の相手とは、名刺交換をしたばかりです。

あなた「部長さん、忙しそうですね」

相手「すいません。部長さん、あ、部長、電話ばかりで」

あなた「今、さん付けでしたけど、まだ短いんですか、部長と」

相手「あ、はい。先週、この部署に異動になりまして…」

あなた「そうですか。前はどちらに…っと、ちょっと待って下さい。当てましょう…はい、わかりました」

相手「わかるんですか」

あなた「私ね、わりと直感が働くタイプでしてね。信号が赤に変わるなと思ったら、すぐ変わるんですよ」

相手「はは、普通ですね」

あなた「え〜、さっきココに入る時、ドアを押さえてくれていましたよね」

相手「え、あ、まぁ」

あなた「ということは…（間をためて）ベルボーイ！」

相手「違います」

あなた「だというのも織り込み済みでの、秘書課！　ドアの押さえ方に『部長、どうぞ』っていう暗黙のメッセージが込められていました。すいません、正解出しちゃって」

相手「あぁ、逆にすいません。前はカスタマーサービス部でした」

あなた「やっぱり！　私のような若輩者への気配り、心配りが行き届いているから星3つ！　食べログなら4点超え！　今日

は月に一度のポイント10倍デーだから、40点です」

ほどよい抜け感でMCになり切ろう

　半径3m以内の人と会話する時、あなたがMCに徹するのもアリです。MCというと、番組で場を仕切る人というイメージです。仕切るといっても、あなたの意のままに動かすわけではありません。

　ビートたけしさん、タモリさん、笑福亭鶴瓶さん…テレビ番組でMCをやる人には、共通点があります。それは「不完全」。

　世の中にはごく少数、完璧な人がいます。完璧な人＝人気者とは限りません。相手の気持ちも空気も読める人がMCにふさわしいかと思いきや、実はどこかに「抜けたところ」が必要なのです。抜け目のない人より、抜けた人の方に親近感を抱くのは、誰でも自分にも思い当たるフシがあるから。100ページでお伝えしたように、人間は「間（ま）」を見つけると、埋めたくなる習性を持っています。

　どうやら人には、相手の抜けているところをフォローしてあげようと応援する習性があるようです。MCにとって必要な力のひとつは、巻き込み力。周りの人達を巻き込むには「おいでおいで」するだけでなく、相手から勝手に近寄ってくる引力も必要です。

　漫画やドラマでは、どこか抜けたキャラが登場すると、場がなごみます。完璧かと思わせておいての抜けた感じは、ナイスなギャップです。人は誰でも、見た目と違うギャップを持ち併せているもの。ギャップが見え隠れすると、人間っぽさを感じさせ

ます。ではどうすれば、ほどよいギャップを持てるのでしょう。

真面目な顔して、人懐こい感じ？

　初対面の人といきなり長話できるような人には、ほどよい「抜け感」があります。「抜け感」は自分から作ろうとすると、すぐにバレます。

　ひとつの方法は、天然キャラとのコミュニケーション。いわゆる天然な人は、トンチンカンなことを言う場合がよくあります。「何を言っているんだ」と思っても、全て受け入れようという気持ちで会話していると、相手に合わせるテンポやリズムがわかってきます。相手は天然ですから、自然にこちらのガードも下がります。思わずホンネも出るでしょう。自分が完璧だと思っている人ほど、肩に入っていた力を抜いて話すことができます。ちょっとした抜け感、ちょい足しならぬ「ちょい抜け」こそ、あなたの半径３ｍ以内の人から好感を持たれるコツです。

磨くほど「自信残高」が貯まる

　深夜のコント番組を担当していた時のこと。芸人さんが演じるネタを一緒に考えていました。アイディア出し、話し合い、シミュレーション。わずか１分のネタを作り上げるのに、練習まで入れて８時間かかったこともありました。

　人の感情に訴えかけるコンテンツを作るには、綿密な下準

備が必要です。「スティーブ・ジョブズ驚異のプレゼン　人を惹きつける 18 の法則」によると、ジョブズは新商品のプレゼンに向けて何週間も前に準備を始め、まず製品や技術について勉強します。5 分ほどのプレゼンのために数百時間を費やし、リハーサルに 2 日間。本番前日には、本番さながらのリハーサルを 2 回行うといいます。繰り返しているうちに磨きがかかり、自信もつきます。本番でどれだけウケるかわかりませんので、「自信残高」はあればあるほど安心です。

 考えなくても口をついて出てくる、くらいがいいよね。

　誰でも、人に話してウケたテッパンのエピソードのひとつやふたつはあるかと思います。会話はライブです。相手によって反応が変わりますので、何度も話すことでクオリティーが上がります。

　エピソードトークは、相手に「伝わっているか」が見えるかどうかの訓練にもなります。雑談では体験エピソードを披露して、反応のいいものは磨きをかけ、持ちネタとしてストックしておけば、「自信残高」も貯まっていきます。

ハプニングを味方につけよう

　テレビには台本があるとお伝えしましたが、バラエティー番組の場合、台本通りに進むのは予定調和といって、面白くありません。現場で起こったことをきっかけにして、もっと面白く

する柔軟性が必要です。こんなことわざがあります。
「When life gives you lemons, make lemonade」

 どんな意味？

「酸っぱいレモンなら、甘いレモネードを作れ」
　酸っぱいレモンの方が、レモネードにすると売れる、という考え方です。思惑と外れても、プラスに捉えて発想し行動することで道が拓ける、と。
　イギリスの細菌学者フレミングはブドウ球菌を培養する実験中、皿を室内に置いたことを忘れて休暇をとり、休暇明けに部屋に戻るとブドウ球菌が溶けていることに気づきました。実験失敗かと思いきや、カビの胞子が皿に落ちて、カビの周囲のブドウ球菌が溶けていたことから、ペニシリンの発見につながったのです。

 災い転じて・・・ってやつだね。

　コーヒーを飲みたい、でもカフェインは摂りたくないという人にありがたい、カフェインレスコーヒーがあります。20世紀初頭、コーヒー豆を船で輸送中に、海水に浸るアクシデントがありました。通常は廃棄しますが、もったいないと思った人が焙煎してみたところ、カフェインが抜けていることがわかりました。このカフェインを除去するという着眼点から様々な研

究が進み、二酸化炭素を使うことで、美味しさを損なわずにカフェインだけを除去する方法が確立しました。

災い転じて誕生したといえば、納豆もそうです。時代は平安から戦国まで、誕生した場所も茨城県、秋田県、熊本県、東京都と諸説あります。時と場所こそ違っても、大豆の煮豆を藁にくるみ、兵糧や餌用に馬に背負わせていたら、体温で発酵したという話はだいたい一緒です。

 最初に食べた人は、イノベーターだ。

日常のコミュニケーションには、台本がありません。目の前で何かハプニングが発生したら、それをきっかけに、さらに何か面白いことが起こらないかと考えるのが、あなたの半径3m以内を楽しくするコツです。

脳を味方につけよう

バラエティー番組には次々と新しいキャラクターが登場します。バラエティー番組に出ている＝旬な人、とも言えます。たとえば「踊る！さんま御殿‼」のゲスト出演者には、初めて見るような人も混じっています。誰もが知っている顔ぶれの中にいることで、テレビを見ている人は「この人、誰だろう」と気になり、誰なのかわかるまで、チャンネルを変える指が止まります。

また、さんまさんが面白がることでお墨付きが与えられ、

他の番組でも呼ばれる可能性が広がるという、まさにバラエティー界の登竜門の側面もあるのです。

滝沢カレンさんは「踊る！さんま御殿!!」で
才能を見出されたよね。

　バラエティーの世界では顔ぶれが目まぐるしく変わるため、「顔は見たことあるけど、名前は知らない」ということがよくあります。ひな壇に座っている中のひとりだったのが、ある日、単独ゲストで登場し、プロフィールなど背景がわかった途端、他の番組やCMでも「あっ、あの人」と認識できるようになりますね。

メンバーが多いグループは、見分けがつきにくいよね。

　見ているものを認識することには、脳科学でいう網様体賦活系（RAS = Reticular Activating System）という機能が関係しています。

　脳には「自分に必要だ」という情報を、自動仕分けする機能があります。大勢の人がいてガヤガヤするパーティー会場で、あなたの名前が呼ばれたのに気付いたり、友人知人の声が遠くからでも判別できることがあります。この機能は、運がやって来るプロセスにも関係します。

　運はただボーッと待っているだけでなく、「おいで」と気持ちを表現することも大切です。まずは具体的に、言葉にします。

よく「紙に書くといい」と言われますが、口に出して「言霊（ことだま）」に変換するのです。これには2つの効果が期待できます。

　自分の願い、夢は声に出して言うことで、潜在意識に刷り込まれます。心で思っていても、声に出して言うことで、脳は「優先順位」を上げます。

「海外留学したい」と夢を口に出して言うと、脳は海外留学にまつわる情報を、勝手に集め出します。勝手にというのは、普段なら見過ごしてしまう屋外広告の文字、テレビやラジオから流れてくる映像や音声、周りの人が話している海外に関することが気になり始めるということ。

　あなたの半径3m以内の人にも、普段から「海外留学したいと思っている」と繰り返し言葉で伝えておくと、相手のRASも働き始め、海外留学にまつわる情報に触れるたび、あなたのことを思い出してチェックしておいてくれるでしょう。

　ここで大事なのは「繰り返し」伝えることです。人の記憶は時間経過と共に薄れていきます。相手の脳にも反復学習させることで、相手のRASが働いて、あなたの願いの「言霊」が遠くまで届き、やがてあなたにとってのハッピーを連れて帰ってくるのです。

まとめ

強いつながりと弱いネットワークを意識しながら、
半径3m以内で言葉にして伝えていこう。

お笑いネタ見せ 現場での修羅場

　お笑い番組では「ネタ見せ」といって、芸人さんの「オーディション」があります。ネタ見せは、テレビ局の中にあるリハーサル室で行われます。番組のプロデューサー、ディレクターと一緒に「見る側」で参加しました。

　オーディションをやる際、事前に芸能事務所に声をかけ、参加者を募ります。参加者の多くは、若手や駆け出しの芸人さん。売れている芸人さんにはマネージャーや付き人がいるものですが、駆け出しの芸人さんにはマネージャーこそいても、何人も同時に担当しているため、一緒に行動することはほとんどありません。大手のお笑い芸能事務所では、1人のマネージャーが300人の若手を担当しているケースもありました。なので、芸人さん自身が自分のマネージャーと会ったことがない、というケースもザラです。

　さて、あるお笑い番組のオーディションでのこと。若い男性1人と女性2人の3人組が、初老の男性と共にやってきました。大手事務所から複数の芸人さんがオーディションに参加する場合、マネージャーさんが来ます。ただ、ネタ見せ中は廊下で待機しているもの。この3人組の事務所は無名だったので、同伴の初老の男性は代表者のようです。ところがリハーサル室の中まで入ってきたので、スタッフは「おや？」という違和感を覚えました。

　見たところ、芸人さんは20代。男性はサラリーマン風、長袖のYシャツの両腕に、事務作業用の黒いカバーをつけている。

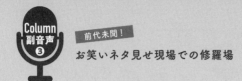
●こんな人が半径3m以内にいたら困る！

猟銃を磨いている

2人の女性は事務員の制服姿で、両手にお椀を持っています。

　ディレクター「始めてください」

　男性「お願いします」

　ネタが始まりました。男性が上半身を揺らしながら歌います。曲は聖者の行進（When The Saints Go Marching In）。クリスマスシーズンにあちこちで耳にするメロディーであり、YouTubeか音楽アプリで確認すると、よりイメージが湧くかと思います。

　♪ Oh, when the saints go marching in

　Oh, when the saints go marching in ･･･

　男性が「オー、ワンザ、セン ･･･」とカタカナ読みで歌う両隣で、事務員女性2人がお椀を重ね合わせるように「カポカポ」とリズムをとっています。当時のお笑い番組では「リズムネタ」の需

要があったので、どんな展開になるのかちょっと期待していました。

　しかし男性はひたすら「聖者の行進」を歌い、女性たちはお椀を鳴らすだけでした。

　ディレクター「終わりですか」

　男性「はい」

　カポカポの行進が止むと、あたりは聖者ではなく静寂に包まれました。ネタ見せで披露されるネタって、大抵「いける」か「いけない」かひと目でわかります。しかし、このネタはどちらでもない「わからない」でした。

　ディレクターが意を決し、尋ねます。

「このネタはどこを面白がるといいんですかねぇ」

「あの〜、それは・・・」

　男性は言葉に詰まってしまいました。

「お笑い番組なんで、笑うところがないと〜」

　ディレクターは「そもそも論」を、諭すように伝えます。

　すると男性が突然、初老の男性を指差し、

「あの人が『やれ』って言ったんです」

　と、半ばキレ気味に言い放ったのです。壁際で見ていた初老の男性は不意打ちを食らい、慌ててこちらへやってきます。

「この曲は『オー、ワンザ』って部分が『お椀』って言っているように聴こえるんですよ。それで、お椀でリズムをとっているんです」

　気持ちはわかりますが、説明しないと伝わらないのでは「お笑いネタ」として不成立です。スタッフ一同がキョトンとしている中、初老の男性だけが一生懸命。ディレクターは、

「お椀はわかるんですが、そこが面白いかどうかは別で・・・」

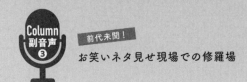
　こんなことは初めてです。オーディションで必死に説明する、お笑い事務所の人。当の３人組は、突っ立っているだけ。

　すると、スタッフが腑に落ちていないのを察した男性が、

「だから、イヤだって言ったんだ」

　と、吐き捨てました。そう、「自分は面白いと思っていないけど、事務所から、正確には初老の男性から『やれ』と指示されて、仕方なくやった」という本心でしょうか。

　まさかの飼い犬に手を噛まれた初老の男性は、

「Oh, when とお椀が掛かっているから」

　と食い下がります。

「あぁ、わかりました、そういうことですね。大丈夫です、わかりました」

　いたたまれなくなったディレクターがなんとかその場を収め、お引き取り願いました。

　ここはお笑い番組のオーディション会場です。事務所と所属芸人が言い合いするなんて前代未聞。衝撃的な珍事に心がざわつきました。すると、ディレクターがボソッとひと言。

「言い争いまでパッケージになっていたら面白かったんだけどね」

　確かに・・・。「お椀」の歌をフリにして、事務所と芸人が言い合いになるというコントならば、なんとか成立します。突然の修羅場を冷静に見ていたディレクターは優秀です。俯瞰することの大切さを学びました。

　半径３ｍ以内で人と接する時、相手と向き合いながら、鳥の目線と言わずとも、せめて２階ぐらいの高さから場を見ていると、一歩先を行くコミュニケーションを取れるのではないかと思います。

第4章

報道番組から学ぶ
「わかち合い」は
「光り方と怒り方」

訓読みはおもてなし

　報道番組のニュースで、アナウンサーやキャスターが原稿を読みます。取材のＶＴＲでは、ナレーターがナレーションを読みます。このようなテキストは、ディレクターや放送作家が書いています。

　テレビ原稿を書く時に、気にしていることがあります。それは「小学校５年生でも、理解できるだろうか」という基準です。小学校５年生レベルの語彙力、読解力でも理解できるレベルなら、大人にも十分伝わるでしょう。

　使う言葉だけでなく、音も気にしています。日本語には熟語があり、音読み、訓読み、さらに湯桶読み、重箱読みといった、音読みと訓読みから成り立つ熟語もあります。とりわけ使い方に注意しているのは、同音異義語です。

> ○耳で聞いてわかりにくい熟語の例
> さいこう⇒最高、再考、採光、催行、採鉱
> きょうよう⇒教養、共用、強要、供用、橋用
> けいしょう⇒軽症、軽傷、敬称、景勝、警鐘
> ししょう⇒死傷、支障、師匠、視床、市章
> きしゅ⇒機種、機首、騎手、旗手、期首

　これらの言葉は最高学府、教養学部、敬称略、踊りの師匠、機種変更といったように、前後に別の言葉を付ければわかりますが、二字熟語のままでは誤解される可能性があります。その

ため、同音異義語となる熟語はナレーション原稿での使用をできるだけ控え、訓読み中心の表現に言い換えます。

再考⇒考え直す、思い直す、見直す
強要⇒押し付ける、無理強い、詰め寄る
敬称⇒肩書き、タイトル、見出し、標題

　書籍はテキストで読んでもらうので、漢字の熟語でも伝わりますが、音で聞くと違います。音読みは乾いた音に聞こえがちで、訓読みの方が温かみを感じます。相手に与える印象を考えると、話し言葉では訓読み使いをオススメします。どの訓読み言葉にするか、「自分が小学5年生の頃だったら、わかるかなぁ」で選んでみて下さい。

女神の前髪を摑もう

　テレビからは毎日、膨大な量の情報が発信されています。帯番組と呼ばれる、放送が毎日ある番組に携わると、ネタの渋滞、上書きは日常の出来事です。
　世の中の流行りものを紹介するコーナーの、制作会議でのこと。提出されたネタをチェックしていた演出担当が「コレ、いいじゃん。やろう」と食いつきました。他のディレクター陣も「いいっすね」と乗っかります。するとADが「あの・・・それ先月、やりましたけど」。自分たちが扱ったネタを、すっかり忘れていたこともありました。

　情報が次々更新されていくので、全て覚えていません。情報コンテンツは数限りなくありますが、発信する際の大前提があります。「なぜ今、発信するか」です。

林修先生みたいだね。いつ見るの？

　見る人にとって「今、見ておかないと」という情報かどうか。その視点で「最近」「最新」情報を発信しようとしています。しかし、常に緊急性の高いことばかりが起きているわけではありません。

　政治経済は週末はお休みのことが多いので、ニュースが減ります。大型連休やお盆にもニュースが減って、ネタ枯れします。それでもテレビの放送枠は変わりませんので、何かのネタで枠を埋めなければなりません。幸い日本には四季に応じたイベントがあるので、緊急性の高いニュースがない時は、時節の話題を取り上げます。

　時節の恒例行事などを、メディア業界では「ヒマネタ」と呼んでいます。緊急性こそありませんが、「なぜ、今」という条件は満たしています。正月に始まり、節分、お彼岸、大型連休、梅雨入り、梅雨明け、夏休み・・・。誕生、命名、お宮参り、七五三、入学、卒業、就職、結婚、長寿の祝い、そしてお葬式・・・人生の通過儀礼もいわば、ヒマネタの部類です。

日本人はやることが多くて、忙しいよね。

　人生の通過儀礼は、節目の儀式だけではありません。誰もが最も経験する通過儀礼が「自己紹介」です。初めて会った相手との関係が生まれる瞬間です。第一印象はあとあと上書きすることができません。一度限りにもかかわらず、軽く見ている人が多いように感じます。

　人が自然に興味を抱く対象は、自分自身。他人が自分をどう思っているかに興味あっても、他人そのものへの興味は個人差があります。

　初めて出会った人に覚えてもらうには、工夫も必要です。社会人は名刺交換から入りますが、オンラインコミュニケーションの増加で、機会が減ってきました。過去にもらった名刺を見返して、相手がどんな自己紹介をしたか覚えていますか。そもそも、名前と顔が一致しますか。

　自己紹介は 16 ページでお伝えした「つかみ」です。つかみで大事なのはインパクト。例えば名前が特徴的だと、それだけでつかめます。以前「大工（だいく）」さんという苗字の方と出会った時は、強烈でした。

「珍しい苗字ですね」

「どちらに多い苗字ですか」

「日本の苗字ランキングで何位くらいでしょう」

「苗字で得したことありますか」

「小学校の時のあだ名は何でしたか」

「間違えて『棟梁』って呼ばれたことありますか」

「大晦日に聴く『第九』って親近感ありますか」

　しばらく苗字の話で、質問が止まりませんでした。

大工さんという苗字は、全国に1300人いるようだね。

　本人にとっては毎度のことでしょうが、こちらは初めて見る名前なので、今も覚えています。しかし、ほとんどの人の苗字は一般的です。

　最近は本名の他に、ビジネスネームを使い分ける人もいます。キラキラネームとも違う、タレントさんの芸名に近い感じ。シャレた名前だと興味が湧きますので、場持ちします。

　オンラインイベントでは、少人数グループに分かれて自己紹介タイムが設けられていることがあります。一人あたり30秒〜1分。場当たり的に勤務先の紹介で終わるパターン、あれもこれも言おうとして何をしている人なのかわからないパターン、イベントに参加した動機で終わるパターンなど。普段から準備している人は、簡潔にまとまっています。

　YouTubeの強制ＣＭは5〜15秒。ある自動車メーカーのＣＭは、時速100キロまでの加速を、5秒で表現していました。

　スポーツニュースでは、試合の結果を伝えるのに、1試合あたり15秒でまとめることが多いです。テレビＣＭは最低15秒から。短い尺の中で、ストーリー仕立てのものもあります。

　そう考えると30秒の長さには、まずまずの情報量を盛り込めます。自己紹介は「私は○○です」とコンパクトな方が印象に残りやすいのです。

アピールポイントは、ひとつに絞るといいね。

　一般的に、物語には起承転結、序破急という構成があります。報道番組では単純に、情報の優先度が高い方から伝えていきます。いつ、どこで、誰が、何を、どのように、なぜという構成です。事件報道では、要点を伝えた上で情報が付加されていき、仕上がります。

　ビジネスで使われる自己紹介スタイルに「エレベーターピッチ」があります。偶然、エレベーターに乗り合わせた相手に、短時間で自己紹介とプレゼンをして商談成立までもっていく、というスキルです。アメリカのシリコンバレーで生まれたとされる考え方で、営業活動、自己アピールといった、普段の生活でも役に立つものであり、身に付けておくと便利です。

　ポイントは、結論を先に伝えて、相手に刺さるプレゼンをすること。エレベーターピッチは多忙な投資家に向けて、わずかなチャンスをものにしようとして生まれたといいます。ソフトバンクでは、多忙な孫正義さんにプレゼンする際、スタッフは短時間で伝えるため、入念に下準備をして臨むといいます。

　エレベーターピッチは、自己紹介の練習にも応用できます。時間は15秒から30秒に収める。文字の目安は250字以内です。

　このスキルを身につけようとすると、

○どこでも簡潔に伝えられる
○コミュニケーションに自信がつく
○考えがクリアになる
○余計なことを言わなくなる
○ミーティング時間が短くなる
○相手の話を聞く姿勢ができる

○相手の信頼度が高まる

チャンスの女神はいつやってくるか、わかりません。女神の前髪を摑めるかどうかは、準備次第。林修先生のキメ台詞が聞こえてきませんか。

鵜呑みにすると喉が詰まる

テレビが発信する情報の影響力は大きいため、作り手は原則、裏取りには慎重です。「わかりやすさ」前提なので、極端なもので表現する傾向にあり、見る人に誤解を与えないよう注意します。見る側も「わかりやすい表現」であることを心得て、全てが同じではないことを知っておく必要があります。

自然災害の現場では、被害の大きいところばかり映し出されがちだよね。

メディアが伝える情報には大きく分けて、フィクションとノンフィクションがあります。フィクションは創作物。映画、ドラマ、バラエティーがフィクションの領域に入ります。ノンフィクションは事実を嘘偽りなく伝えるもので、報道ニュースやドキュメンタリーを指します。報道は制約の中で、いかに真実に近く、中立的に伝えるかに努めています。ノンフィクションを突き詰めると「目の前で起きている事実そのもの」になるため、カメラや電波

を通した時点で、完全なるノンフィクションではなくなります。

 報道番組は、事実を伝えるノンフィクションだよね。

「与野党、どちらを支持しますか」と街頭インタビューをするとしましょう。寄せられた意見をＶＴＲに編集しようとすると、この時点でバイアスがかかります。時間は一方通行ですから、意見を順番に見せることになります。完全に公平中立の立場をとるなら、与野党どちらの意見も同数で同時間、しかも同時並行的に伝える必要があります。

 同時並行的に見せるのは難しいよ。

　ＶＴＲでは、意見を交互につないでいきます。このつなぎ方がポイントです。与党派と野党派それぞれの意見をまとめてブロックで見せると、「与党派の意見はこんな感じ。一方、野党は・・・」という文脈になりやすいため、野党を推したいがためのフリとして、与党が映るかもしれません。

　与野党の意見を順番につないだ場合、見る人の脳には最後の映像が印象に残りやすいため、編集された映像には何らかの不公平や偏りが生じることもあります。

　なるべく公平性を保つため、ＶＴＲの締め、もしくはスタジオでは与野党それぞれへの意見を並べ、一目瞭然の公平性を演出することもあります。見る側としては、どんなメッセージが込め

られているのだろうか、と想像する視点を持つことが大切です。

言葉は絶えず変わっていく

　報道ニュースでは、映像に合わせてアナウンサーやキャスターがナレーション原稿を読み上げます。短時間でまとまった情報を伝えるのには、ナレーションが便利です。

　ナレーションに使う言葉には、責任が伴います。世界では約6900の言語が使われているといいますが、日本人のように、ほぼ日本語しか使わないモノリンガルは30％程度です。それほど日本では日本語への依存度が高いため、公共電波で使う言葉には注意が必要です。

> 日本語は世界でも5本の指に入るくらい、
> 難しい言語だって。

　言葉は生き物。時代によって変化します。何をもって正確とするかには、議論の余地があります。仕事で放送用のナレーションを書く時、日本語にナーバスなりがちです。日本語が完璧かというと、日々勉強が必要です。お手本にしているのは、ＮＨＫが使っている日本語。原則、これが国内標準だと理解しているからです。

　ある時、ＮＨＫの「クローズアップ現代」でキャスターが「コクナイガイ」と話しているのを聞いて、モヤモヤしました。文脈からして「国内外」を指しています。「国内外」は国内と国

外という、独立した熟語を重ねた造語です。一般的に使われているようですが、果たして正解なのか。公共放送で使われているとはいえ、どうもしっくりきません。

 どうして、しっくりこなかったの？

　民放各局では、使う言葉にローカルの取り決めがあります。「総理」の読み方は「そうり」ですが、ある局では「首相」と表記して「そうり」と読みます。ちょっとした違いが存在するので、ある民放局の放送用語細則を確認しました。すると「国内外」は「コクナイガイ」ではなく「国の内外」となっていました。読み方は「くにのウチソト」です。読み方に違和感を覚えますが、日本語として「くにのウチソト」が正しいとされていたわけです。

　そこで「クローズアップ現代」の放送翌日、ＮＨＫの視聴者センターに問い合せました。やはり正しくは「くにのウチソト」だとわかりました。その後、ベテランのナレーターさんと仕事をした際に「国内外」の問題を話したところ、その人も気になっていることのひとつだったそうで、「自分ならば『国内や海外』と言い換える」と話していました。

　日本語は熟語の使い方ひとつにも、奥行きがあります。「白い白馬」といった、同じ意味を重ねる間違いや「注目を集める」といった、他の表現と入り交じるケース。注目は浴びるものであり、集めるのは耳目です。

　とはいえ最近は、通じればいい、という利便性が優先されることもあります。

言葉は生き物、というワケだね。

　ある情報番組では、自分も含めた制作スタッフ全員に日本語テストを行いました。テロップ表記やナレーションで、間違えやすい言葉が出題されます。自分の仕事柄、100点でなければならないところ、結果は90点。間違えた2問のうち、ひとつが「注目を集める」の使い方でした。以降、「注目を浴びる」という表現も正誤不安になることがあるため、個人的に使う際には「注目される」で統一しています。

　日本語は世界的に学習人気が高まっていますが、外国人にとって日本語学習がどれだけ大変か、同情します。

　言語学者の金田一秀穂さんは、著書の中で「日本語は生き物だから、心地よく使えればいい」と述べていました。鎌倉幕府が始まった年号が1192年から1185年に改訂されたように、一度教わったことが永遠に正しいとは限りません。コミュニケーションで使う言葉で大切なのは、正確性よりも柔軟性かもしれません。

空気を読むより相手を立てると丸くなる

　コロナ禍のテレワーク化で、テレビ番組もリモート収録が増えました。スタジオ収録の場合、画面に映っている出演者の数倍のスタッフが、カメラの後方にいます。3密対策で人数制限がかかり、スタジオには出演者の他、最低限のスタッフだけに絞った結果、それでも番組を作れることがわかってしまいました。

　ニュース番組では、原稿を読むキャスターやアナウンサーの他、コメントする識者がいる場合があります。本来、同じ空間にいる識者がリモート出演するようになり、はじめは違和感を覚えたものの、すぐに慣れました。しかし生放送の現場では、登場人物同士のやりとりがスムーズであることが大事です。リモートではあうんの呼吸、空気を読むキャッチボールがやりにくくなることもあります。

**出演者のネット環境によって、
タイムラグが生じることがあるよね。**

　リモート会議に出ていると、伝えたいことが相手にしっかり伝わっているだろうかと、心配になることがあります。反対に、相手の言っていることを正しく理解できているのか、とも。

　日本人は空気や行間を読むのが得意です。互いの信用がベースにあると、黙っていても空気で伝わることがあります。ただし、それはオフラインでの話。

　オンラインコミュニケーションが増えると、言葉で伝える必要性が大きくなります。会話の途中で確認したり、最後にリマインドしたりと、今までとは異なるコミュニケーションです。空気を察して行間を読むより、考えていることを言語化する能力を身につける必要があるのです。

　また、一方的に伝えようとするより、歩み寄りに意識を向けることも大切です。その第一歩が、相手の話に耳を傾けて「話を聞いてくれる人だ」と思ってもらうことです。

　番組の会議で、プレゼンの最中に急に割り込んで、自分の意見を言う人がいました。話している人は、事前に内容や流れを組み立てています。いきなり流れが乱れたことで、周囲の人たちも違和感を覚えます。よく「いじめた人は忘れても、いじめられた人は忘れない」というように、場にネガティブな空気を残すと、損するのは割り込んだ人です。

　オンライン会議でも、割り込む人がいます。オフライン会議よりも流れの分断が明確にわかるので、誰かが話している間はその人の時間であるとして尊重することが、オンラインコミュニケーションを成功させるコツです。

静かに主張する方法

　オンラインコミュニケーションでのコツは「聞く」ことにあるとお伝えしました。では自分の主張は、どうやって伝えるたらいいでしょうか。

　「聞く」姿勢によって、相手があなたの話に耳を傾けてくれる環境は整いました。その上で、4つのポイントを押さえた流れがあります。描写、説明、提案、そして選択です。

　相手の様子と状況を客観的に「描写」する。一歩引いて見る感覚です。自分の感情を横に置いておき、思っていること、相手へ共感を「説明」する。相手にやってもらいたいこと、問題の解決策を「提案」する。そして「提案」に対する相手の返答に、新たな「選択」肢を与えることです。

　早めに退社したい同僚から急ぎの仕事を頼まれたが、自分

も予定があって引き受けられないケース、をみてみましょう。

相手「今日だけ保育園が早く閉まって、子供のお迎えがいつもより早いの。明日までに資料、半分やっつけてもらえないかしら」
あなた「う〜ん、私も明日締め切りの会議資料があって、やってあげたいんだけど、時間が厳しいかな・・・。それって、明日の何時提出？　午前の作業でよければ・・・」
相手「明日の朝イチなのよ」
あなた「じゃあ、誰かできそうな人、一緒に探そう」

　ポイントは、自分も帰りたいという理由をそのまま告げずに、自分も追い込まれている状況を客観視します。そして相手の立場を尊重しつつ、問題解決に向けて同じ方向を見ることです。
　オフラインの会議では隣に座ることもありますが、リモート会議では、参加者全員がモニターと向き合います。どうしても対峙する位置関係になるため、同じ方向を向いているという感覚になるのは難しいかもしれません。であれば、モニターの向こうにいる相手の視点で考える練習も大切です。
　相手の視点に立ち、「伝える」ではなく「伝わる」を意識する際に、役に立つ方法があります。そもそも人間は、相手が言ったことの 10％〜 30％程度しか覚えていません。相手がどれくらい理解しているかを気にしながら伝えるには、スティーブ・ジョブズのスピーチが参考になります。

 スタンフォード大学でのスピーチは伝説だよね。

　参考になるのは「間(ま)」のとり方です。英語がわからない人でも、どこで間をとっているかはわかります。言葉は「言い切るまで」と、音が届いてからそれを相手が「理解するまで」の2つの時間がかかります。この原則を押さえておくと、便利です。

　ドラマや舞台では「言葉」が届いた後に「動き」を見ると、聴覚と視覚の両方でメッセージが届くので、印象が深まります。例えば「ゴロゴロ」と雷鳴が轟いた場合。自然現象ではまずピカーッと稲光が見えてから、ゴロゴロという音が聞こえます。

 光は秒速30万km、音は秒速340mだね。

　ところが能の舞台で雷を表現する場合、音を鳴らしてから稲光を見せる演出があります。ゴロゴロ、ピカーッ。自然現象と反対です。これは聴覚と視覚を分けて発することで、伝わりやすくなるという狙いによるものです。

　相手にどうしてもこれだけは伝えたいという場合、話してから間を取ると、ゴロゴロ、ピカーッの効果が期待できます。もし間のとり方が難しければ、わざと30%くらいゆっくり話すだけでも相手がうなずいて、「伝わっている感」を獲得できると思います。

NHK化すると本質が見える

　ＮＨＫは公共放送なので、商品または企業の宣伝とみなされるものは放送法や協会定款に抵触するとして、固有の名前を謳

うことができません。このお約束が世に広まったきっかけは、昭和の歌姫・山口百恵さんが歌う「プレイバック Part Ⅱ」を巡るエピソードでした。

「緑の中を走り抜けてく真紅（まっか）なポルシェ」

　曲はこんな歌詞から始まります。当時、山口さんがＮＨＫの歌番組に出演するにあたり、「真紅なポルシェ」を「真紅な車」に替えて歌っていました。

　タレントのヒロミさんの妻で、元アイドルの松本伊代さんが歌う「センチメンタル・ジャーニー」の歌詞「伊代はまだ16 だから」という部分は「伊代」という固有名詞で自分を宣伝している、との解釈から、ＮＨＫでは「私まだ 16 だから」に替わっていました。

　事務仕事で重宝する「ポストイット」。これは３Ｍ社の商品名なので「付箋紙」と呼びます。ＮＨＫで「ギネスブック」を紹介するなら「ビール会社が出している、世界一を集めた本」となります。

 ゴールデンウィークは大型連休って言うよね。

　はい、ゴールデンウィークはもともと映画業界が作った言葉であることだったり、カタカナ表記が長かったりという理由から、ＮＨＫでは言い換えます。

　チェックして言い換えるこうした作業は一見、面倒ですが、「これは一体、何のためのものか。何のためのサービスなのか」と考えることは、本質を探る練習になります。

　半径３ｍ以内の人との雑談で、身の回りにある商品を別の的確な名称で表現するとどんな言い換えになるか、やってみることをおすすめします。よく知っているもの、自分では当たり前に使っているのものも、いざ「何のためか」と考えてみると、言葉が出てこないことがあります。

　では、iPhoneはどのように言い換えられるでしょうか。

魔法の板。

　2020年に大ヒットした瑛人さんの曲「香水」には、ドルチェ＆ガッバーナが登場します。ＮＨＫの歌番組ではオリジナルの歌詞そのままに歌っていたものの、紅白出場が決まると「本番でも歌えるのか」という心配の声が上がっていました。もしそこだけ歌詞変更を余儀なくされたら、何と歌っていたでしょうか。

　ＮＨＫの放送ガイドラインには「企業名や営業上の商品・サービス名・ロゴマークなどを放送できるのは番組編集上必要で、広告目的ではない場合である」とあります。本人に広告するつもりがなく、番組に必要なら大丈夫とのこと。瑛人さんは紅白歌合戦でも、オリジナルの歌詞で歌っていました。

白黒だけでなくグレーも受け入れよう

　テレビ番組の演出手法のひとつに「○×」で答えるクイズ形式があります。報道番組においても、政治家や経営者などをゲ

ストに迎え、きわどい質問をする際には「○か×でお答え下さい」で回答してもらうことがあります。回答する側が言葉よりも簡単に答えられるのと、回答の真実性に含みを持たせることができるというメリットがあります。

　クイズ形式という演出には、文脈にメリハリをつけ、強調した部分を立てやすくする機能があります。

> **見ている人も、一緒に考えられるよね。**

　自由形式でフリップにコメントを書いてもらうと、話は膨らむ一方、時間をとります。○×回答は、一目瞭然。回答をまとめて見せることができるため、時間管理が厳しい生放送向きです。

> **答えが明確だからね。**

　しかし実社会では、白黒はっきりつけるよりグレーの方が収まる、ということもあります。同じグレーでも、しっかり考えた末の根拠あるグレーと、「どっちもでいいや」と放棄してのグレーとでは、180度異なります。

　人間の脳は「嫌だな」「逃げたいな」と思うと、5秒で「やらなくていい理由」を探し始めます。○×の二択の場合、どっちでもいいやと思った瞬間、考えようとする気持ちが失せ、言葉にすることを放棄します。

　子供の頃、食べ物の好き嫌いがはっきりしていたように、

何に対しても直感的に、○×で意思表示をしていました。成長するにつれ、周りの顔色を窺ったり、損得勘定したり、偏見に引っ張られ、白黒入り交じった答えを出し始めます。

　さらには、選ぶ、考えるさえやめて「どっちでもいいや」と楽をしようとします。

もったいないね。

　能動的に○×をつけないと、せっかくの情報インプットのチャンスを逃しかねません。

　ビジネスの世界では「トレードオフ」という考え方があります。何かを手に入れるためには、何かを手放さなければならない。ひとつを成功させるためには、別のものを犠牲にしなければならない。あちらを立てれば、こちらが立たないといった、両立不可能な関係性を表現する思考です。

　競争下で優位性を保つには、トレードオフして決めた方へ突っ走れ、という戦略があります。しかし日常でのコミュニケーションでは、トレードオフを伴わない思考も大切です。

白黒つけないってことは、グレー？

　同僚とランチに行く時、自分はカレーを食べたいと思っている一方で、相手はうどんを食べたいとします。トレードオフの考え方では、カレーかうどんの二択です。どちらの願いも叶え

るのには、どうすればいいでしょうか。カレーうどんという選択もあります。

　二択を迫られた時に「どっちでもいいや」と、考えることを放棄した途端、願望実現のチャンスをみすみす逃すことになります。選択の機会が現れたらしっかり向き合い、考えを言葉に変えて、根拠をつけて選ぶようにすると、自信というおまけもついてきます。

　自分で考えた結果を伝え、相手が選べない場合は代わりに考えてあげることが、スムーズなコミュニケーションにつながります。

テレビに別の使い方があった

　テレビから発信される情報を受け流していると表面的な部分しか見えないため、つい「自分には関係ない」と思いがちです。報道や情報番組はちょっとしたところにも「あなたに関係あります」といったメッセージを意識しています。ボーッと見ていると気付きませんので、情報に触れたら能動的に自分事として捉える練習をオススメします。ここでも「具体⇒抽象⇒具体」プロセスを使います。

84ページで紹介している思考法だね。

　報道、情報、バラエティー、スポーツ、ドラマ。見たものから何を学べるだろうか、という視点で考えます。音声版の

Twitterがバズッているというニュースを聞いたら、「なぜバズッているんだろう」「やってみようかな」「やったらどんな世界が見られるかな」という想像を巡らせます。

メディアに溢れるニュースは、そのほとんどが他人事と思われています。ニュースアプリはユーザーの嗜好を追いかけ、「自分事」として興味を持ちやすそうなものをキュレーションします。便利ですが、デメリットもあります。

思考を言語化するには、なるべく自分と遠い情報に触れることが大切だとお伝えしました。ニュースアプリは複数使うだけでなく、ブラウザから一見さんとして閲覧するという併用で、遠近両方の情報に触れることができます。まずは目についた、自分には無関係と思うものほど「なんか関係あるぞ。何だろう」と捉えるところから始めてみて下さい。出てきた言葉や考えの備忘録として、TwitterなどのＳＮＳで発信するのもひとつの手です。そのうち何を見ても、本質をキャッチできるようになるでしょう。

怒ると距離が縮まる

報道番組の取材記者たちは、テレビマンの中でも正義感が強い傾向にあります。メディアには社会を監視するという役割があり、社会的弱者を救おうという思いが伴います。

日々のニュースの中で人々が関心を寄せやすいネタの一例に、「税金」があります。税金は誰にとっても、半径３ｍ以内の自分事です。税金の無駄遣いと聞いたら誰でも、共通の怒り

が込み上げてきます。

　怒りは力であり、行動変容の動機になります。職場で、学校で、家庭で、怒りの感情には人を団結させる力も備わっています。

　同じ敵に立ち向かう場合には、注意も必要です。敵を共有すると瞬間的に距離が縮まりますが、別々の敵が現れた途端、崩れやすいのが特徴です。

 仮想敵を設定すると、構図が見えやすくなるよね。

「怒る」と似て非なるものが、「叱る」です。「叱る」は感情100％の怒りとは異なって教育的要素があり、時に愛が含まれていることもあります。叱られた時、人は学びを得ますが、怒られた人には「恨み」「憎しみ」しか残りません。怒られていい気持ちになる人はほぼいませんが、怒られた時に次のような考え方をすると、冷静になれます。

 っていっても、怒られると凹むよね。

　実は怒っている人は何かを恐れていて、自分を守ろうとする感情が怒りになっていることがあります。怖いから、防衛反応が働いているのです。一見するとトサカに来ているようですが、中身は怯えています。

　あなたに対して怒っている人がいたとすれば、あなたに何

かしらの脅威を感じて、怯えているのかもしれません。状況を
冷静に捉え、相手の目が恐怖におののいているようなら、あな
たがビビる必要はありません。

　逆にあなたが怒りを覚えたなら、感情の底には恐怖が潜ん
でいるかもしれません。では恐怖をなだめ抑えるには、どうす
ればいいでしょうか。

 体毛を舐めるかな。

　思い通りになってほしい、という執着を捨てることです。執
着イコール恐怖です。失うことに対して「怖い」と思うのです。
コロナ禍で世の中がおかしくなっている大きな原因は、恐怖で
す。世界全体で恐怖を感じています。人間が普段から感じてい
る様々な恐怖が、コロナを引き金に、一斉に飛び出してしまっ
たのです。ではこんな時、どうすればいいのか。

 じっとしてるよ。

　まずは、状況を受け入れることです。受け入れるというのは、
許すこと。許すことで心が安定化し、打開策を見つけやすくな
ります。

　人は恐怖を抱えていると、正しい判断ができなくなります。
「スター・ウォーズ」でアナキン・スカイウォーカーがダーク
サイドに堕ちてしまった過程にも「恐怖」が作用しています。

拷問を受けた母、さらにパドメ・アミダラが出産で死に至るという不吉な夢を見た恐怖から、愛する人を守るには暗黒面の力が必要だと説かれ、その誘惑に負けてしまいます。

それで暗黒卿ダース・ベイダーになったんだね。

　ロシアには「システマ」という武術があります。日本の合氣道に似たもので、腕力よりも間合いや氣で相手を倒します。相手に「恐怖」を感じると、負けるといいます。同じ恐怖でも、怒りから生まれた恐怖を共有することで、共感できる場合もあります。

> **まとめ**
>
> **膨大な情報の選別には「なぜ」の鑑識眼でインプット。**
> **アウトプットする情報は、理由をつけてシンプルに。**

信じていいのか!?

天上界との
コール&レスポンス

　テレビは皇室の様子も伝えます。皇室のみなさまは、公務で全国各地を訪問されます。上皇さま、上皇后さまは天皇、皇后だった頃、宮中での執務の他に年間300日以上、おでかけになっていました。80歳を過ぎ、それだけの公務を果たすことの大変さは想像を絶します。

　現在の天皇皇后両陛下も、精力的に全国を訪問されています。コロナ禍では直接国民と触れ合うことができないため、リモートでメッセージを伝えるなど、時代に即した「国民への寄り添い」を実現されています。

　皇室のみなさまは国民に寄り添うお立場として公務を果たされ、テレビはその様子を伝えます。民放では皇室に関するレギュラー番組もあり、自分も15年以上携わってきました。報道、情報、バラエティー、スポーツ、ドラマとテレビ全てのジャンルを経験してきましたが、皇室番組が最も気を使います。

　例えば、ナレーション。バラエティー番組なら「いかに面白く伝えるか」「いかに煽るか」、ドキュメンタリーなら「いかに感動や共感を呼ぶか」と、それぞれ気にするポイントがあります。

　皇室番組では情報が正しいこと、事実に即しているのは当然のこと。ナレーションに煽りや飾り立てた表現は不要で、敬語を正しく使うことも必須条件です。ひとつの事実を伝える表現も、それを耳にした人や当事者のみなさまがどう感じるかまでを想像し、何通りものパターンを考えます。制作の現場にはひときわ緊張感が漂い、複数のスタッフで検討して最終形へと仕上げます。

●こんな人が半径3m以内にいたら困る！

アピールポイントを教えて下さい。

真面目です　明るいです　笑顔です

仮面を外そうとしない

　自分は裏方ですので取材に行くことはほとんどなく、皇族の方々に直接お会いしたことはありません。とはいえ、番組の最後にはスタッフの名前が出ます。

　番組をご覧になるみなさまの網膜に映っているかもしれないと想像すると、緊張すると同時に、励みにもなります。

　普段の放送の他、何かの節目には特番もあります。上皇さま、上皇后さまが天皇・皇后だった頃、ご成婚50年を迎えるにあたり、特番の構想がありました。当時の番組プロデューサーから企画書を書いてほしいという発注を受け、すぐ取り掛かりました。特番の場合、ただ事実を並べるのではなく、「テーマ」が必要です。あるテーマのもとに、ご成婚50年をお祝いするという立て付けです。

　皇室には様々な年中行事があり、1月には歌会始があります。歌会始とは共通の「お題」のもと、みなさまそれぞれの思いを込めた

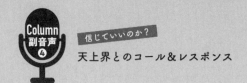

御歌（みうた）を披露する会。中でも天皇陛下が詠まれる歌は「御製（ぎょせい）」と呼びます。御製には陛下の思いが込められていることを踏まえ、特番企画のアイディアとして、テーマを御製にしました。仕上げた企画書は 15 枚。番組から宮内庁に提出します。しばらくして、番組プロデューサーから連絡がありました。

「宮内庁が『企画書を 4 枚にまとめてほしい』って」

テレビの企画書は一般的なビジネスドキュメントと違い、大きめの文字と写真を組み合わせた、わかりやすい作りになっています。なので、それをまとめると文字が多めで、かえって読みにくくなると思いました。なぜ 4 枚にまとめるのかプロデューサーに尋ねると「宮内庁が『おかみ』に見せるため」だそう。「おかみ」とは天皇陛下のことです。

「マジすか、陛下がご覧になる？」

一瞬、思考停止です。普段なら 4 枚程度の企画書を作るのに、1 時間もあれば十分です。しかし、その時ばかりは悩みました。天皇陛下が御製にこんな思いを込めているのでは、というあくまで仮説のもと、50 年の歩みを振り返る主旨をシンプルにまとめ、番組から宮内庁に再び提出しました。

すると数日後、フィードバックがありました。プロデューサーによると、

「『私はそのような高尚な思いでは詠んでおりません』だそうだ」

「『私』って、まさか陛下ご自身？　企画書に目を通されたんですね。ヤバいな、気分を害されていないだろうか …」

冷や汗が流れ出てきました。とはいえ冷静に考えると、プロデューサー、宮内庁を介しつつのコール＆レスポンス。お相手は最上界におられる人。それまで毎週のように映像で拝見しているにもかかわらず「本当に実在するんだ …」という実感が湧いた瞬間でした。

第5章

スポーツ番組から学ぶ
「 高 ぶ り 」 は
「ファンとファン（扇子）」

雑談に普遍的テーマはあるか

　2020 年東京オリンピックの競技は 33（339 種目）あります。では、世界で最も競技人口の多いスポーツは、以下のどれでしょうか。
①バレーボール　②バスケットボール　③卓球　④クリケット
⑤サッカー　⑥テニス　⑦ゴルフ　⑧野球　⑨ラグビー

　正解は①のバレーボールで、5 億人と言われています。選択肢はそのまま、競技人口の多い順に並んでいます。

　日本人の感覚では、サッカーか野球を想像する人が多いかもしれません。それはテレビで見かける時間にもよります。民放地上波では野球もサッカーも関連番組があります。「GET SPORTS」のような、ドキュメントやテクニックの凄さに迫るもの、「球辞苑」のように、野球のキーワードを徹底的に掘り下げていくものなど、切り口はいろいろ。

　よくあるのは、試合や選手を紹介する企画です。サッカーをテーマにした番組では、2006 年に始まって現在は不定期放送の「サッカーアース」、同時期に始まり 2020 年まで続いた「やべっち F.C.」。最長は、J リーグ開幕と共に 1993 年に始まり、2021 年まで続いた「SUPER SOCCER」など。どれも試合の映像を中心に構成されています。

　中でも、テレビ東京の「FOOT × BRAIN」は異色です。毎回、スタジオにゲストを呼ぶスタイルは普通のトーク番組のようですが、扱うテーマが指導哲学、メンタルケア術、アスリートのキャリア、呼吸法、読書、武士道と多岐にわたり、一見す

ると、サッカー番組と思えないこともあります。

 サッカーとどんな関係があるんだろう。

　この「そう見えない」部分に、半径３ｍ以内における雑談の
ヒントが潜んでいます。

　通常、各テレビ番組は学生、サラリーマン、主婦、シニア
など、ターゲットを定めています。朝なら登校前の学生や出勤
前の人、午前中なら在宅の主婦やシニアといった具合です。

　しかし、少しでも多くの人に見てもらうため、想定ターゲッ
ト以外、もともと関心がない層にも訴求するにはどうすればい
いか、という視点も持っています。

　スポーツのように、経験者は共感しやすいけど未経験者にはピ
ンと来にくいコンテンツではまさに、この「無関心層でも見るに
は？」という視点が大切。黙っていても見てくれる基礎票にどれ
だけ浮動票を乗せることができるかが、視聴率を左右します。

　サッカー関連番組はもともと、サッカーファンの持つポテ
ンシャル熱に支えられていました。しかしそれだけに頼ってい
ると、熱が冷めたら共倒れです。「FOOT × BRAIN」は「日
本サッカー応援番組」を謳っているので、他のサッカー関連番
組同様に、ターゲットはサッカーファンです。しかし「ボール
の蹴り方」といった専門的なテーマではなく、誰にでも自分事
として捉えられる「普遍」をテーマにしているため、サッカー
に詳しくない人でも楽しめる作りになっています。

　半径３ｍ以内の人と雑談する際、話題から学べる、役に立

つ「普遍」があるかどうかを意識すると、相手の興味関心、テンションをキープできます。

たった 3 文字であなたのファンになる

　昭和の時代に、日本テレビの「びっくり日本新記録」という番組が人気を集めていました。毎回、一般からの参加者たちが、風変わりなスポーツアトラクションで記録を競い合います。「SASUKE」のようなスポーツ・エンターテインメント番組の走りで、演出家のテリー伊藤さんが、AD時代に初めて担当した番組です。のちのバラエティー番組で、再びお目にかかる競技もたくさん生まれました。

> 「びっくり日本新記録」のオリジナル競技
> 水上平均台水運び、自転車シーソー・オフロード、女子ふとんたたみ運び、急斜面駆け上がり、怪力まとい運び、空中平均台、連続壁破り人間弾丸、平均台水運び、女子お膳積み上げ、水上ドラムロデオ、空中巨大丸太しがみつき、水上丸太多人数早乗り、自転車大障害連続ぶち破り、新案アスレチック、垂直のぼり、人力いかだコンテスト、コーヒーカップ積み上げ、お座敷大障害、電車つり革ぶらさがり、背走マラソン、水上宙吊り、自作水上歩行器スピード競争、強風タイムトライアル・・・

タイトルだけ見ると、運動会の競技みたいだね

　見るのは楽ですが、参加者は真剣。その姿は純粋なスポーツ中継に匹敵するほどの緊張感と感動に溢れていました。

　特に印象的だったのは、その日の名シーンをスローで振り返るエンディング。バックには、こんなナレーションが流れます。「記録 ･･･ それはいつもはかない。ひとつの記録は一瞬ののちに破られる運命を、自ら持っている。それでも人々は、記録に挑む。限りない可能性とロマンを、いつも追い続ける。それが人間なのである。次の記録を作るのは、あなたかもしれない」

　この言葉を耳にするたび、子供心にドキッとしていました。「次の記録を作るのは、あなたかもしれない」

　まるで自分に語りかけてくるかのような「あなた」。

　第1章で、初対面の人との距離を縮めるには、相手の「名前」を呼ぶのがいいと、お伝えしました。相手は名前を呼ばれることで「あぁ、覚えてくれたんだな」という印象を持つとともに、あなた自身も、相手の名前を自然に呼べるようになるからです。

　この時、はっきりと呼ぶこと。初対面の相手の名前を呼ぶ際、自信がなくて、語尾がごにょっとなることがあります。これは「あぁ、はっきり覚えていないな」「馴染んでいないな」という印象を与えます。

「あれ、なんて名前だっけ ･･･ ハギワラ？　オギワラ？　え～い、とりあえず呼んじゃえ！　※☆ワラさん」

　名前を呼ぶなら、クリアに。

　ある程度の関係値ができてきたら、次のステップです。「あ

なた」を使います。会話の基本は、相手に気持ちよく話してもらうこと。相手が気持ちいい状態になるのは、相手が主語になっている会話です。その方向に合わせて「あなた」と呼ぶことで、会話の軸が「相手⇒自分」と一致して、スムーズに流れます。人が気にするのはまず自分のことなので、自分を主語にしてくれる人のことも好きになります。

「あなた」は魔法の3文字だね。

　一見ベタですが、途轍もないパワーを秘めています。1956年、日本から初めて南極観測隊が派遣された時のこと。隊員たちのもとには月に1回、家族からの手紙が届けられます。手紙といっても、日本からのモールス信号を文字に変換して、タイプライターに打ち込むものでした。

　ある日、ひとりの隊員が、妻からの手紙を見て泣き始めました。書かれていたのは3文字だけ。「あなた」。山ほどある伝えたいことを3文字に込めた、世界一短いラブレター。あなた、元気ですか？　あなた、体調はいかが？　あなた、どうか無事で…。「あなた」という響きには、人の心を動かす力が宿っているかのようです。

ちょい足し音で効果倍増

　テレビのスポーツ中継では臨場感を伝えるため、映像だけで

なく、音も重要です。観客の歓声、応援の鳴り物、ボールのインパクトの瞬間 ・・・。音が伝える情報量は、時に実況のテキストを凌駕します。

　スポーツの世界で音が持つ役割は、臨場感を伝えるだけではありません。得点した時に「チョレイ」と叫ぶ卓球の張本選手。同じく卓球で、現役時代の福原愛選手は「サーッ」。2020年にスポーツ庁長官になった、元ハンマー投げの室伏広治さんはリリースの瞬間に「ンッガー」と雄叫びを上げていました。

　試合中に出す「声」は、最大限の力を出すため自らを鼓舞したり、リズムを作ったりという目的で使われる、オノマトペです。

オノマトぺって？

「おなかがペコペコ」「雨がザーザー降っている」「コツコツ努力を重ねる」など、感覚や印象を言語化するための表現手段で、普段、自然に使っていると思います。

　スポーツのように、理屈で考えるだけでなく、やってみないとわからないという場合、動き、力の入れ方、速さ、柔軟性、タイミング、リズムなど、人によって差が出る抽象的なプロセスは、オノマトペで伝えるのが有効です。

　プロ野球界のレジェンド、長嶋茂雄さんが指導する時にオノマトペを使うのは有名です。中国に行った時は言葉が通じないこともあり、「ヒュウーッ、ノーン、ブン！　シュン！　ブン、ブォン」と、オノマトペを駆使していました。テレビでタレントさんやお笑い芸人さんがエピソードを披露する時も、オノマ

トペを使っています。

「細かすぎて伝わらないモノマネ」でも知られる、北海道日本ハムファイターズ・栗山英樹監督のモノマネは、オノマトペに身振り手振りのオーバーアクションが加わり、臨場感と面白さが倍増しています。特別に面白いエピソードでなくても、オノマトペをちょい足しすると面白く聞こえるだけでなく、相手の注意を引きつけることもできて効果倍増です。

リズムの波に乗っていこう

　スポーツの中継では複数のカメラが使われます。プロ野球の中継で使うカメラは十数台。昭和の時代、メインで撮るカメラはバックネット裏にありました。

　王貞治さんがホームラン世界記録となる756号を放った、昭和52年。当時の映像は、バックネット裏から撮られたものです。

　翌53年、現在ではおなじみの、センターバックスクリーンのレフト側から投手、捕手、打者を撮るスタイルが始まりました。試合中、ボールはどこへ飛ぶかわかりません。どこへ飛んでも追いきれるよう様々なアングルから狙いをつけ、テレビを見ている人が見やすいようスイッチングします。スイッチングのポイントは、見ている人の気持ちに合わせたリズムです。リズムは目に見えませんが、私達の行動に影響を与えます。

生き物にはバイオリズムがあるよね。

　いいリズムを作るため、手助けとなる音楽があります。1分あたり116拍を刻む「テンポ116」というリズムです。脳波と共鳴して、自然体で集中した時に多く出る脳波の出現を促すといいます。

　コミュニケーションもリズムです。ゆっくり歩く人、早足の人がいるように、誰もが自分なりのリズム、テンポで活動しています。

　誰かと向き合った時、相手が腕を組んだら自分も腕を組む。相手が肘をついたら、自分も肘をつくという相手と同じ動作をすると、相手は気付かないうちに安心します。初めて会った人との会話では相手の言葉に「うなずく」だけで、相手は安心します。

　オンラインミーティングが増え、モニターの向こうにいる相手がこちらの言うことをどれだけ理解しているか、心配になることがあります。相手も同じです。実際に会って話す時以上にうなずくことを意識すると、より多くの情報がスムーズに伝わり、あなた自身にも還ってきます。

　一方、オンラインミーティングは空気を読むのが難しく、放つ言葉が全てになりやすいため、気を付けるべきNGワードがあります。

どんな言葉がNG？

「いや」「ていうか」「そうじゃなくって」「ダメだよ」「○○じゃないといけないよ」といった、相手を否定するような言い方です。語尾に「○○ではない」と、ただ否定するだけの表現は特

に、言い換えが必要だと思います。

　そもそも否定表現では、明確な「答え」が不明です。会話のリズムを崩す原因にもなります。「それはないんじゃない？」と否定するのはカンタンです。しかし、言われた方は「じゃあ、どうすればいいの？」と迷子になり、会話が渋滞します。否定された方は、どんな気持ちになるでしょうか。

話す気が失せるよね。

　反論したい時は「そういう意見もあるよね」と一旦受け止め、「しかし」といった逆接の接続詞ではなく「一方で、こんな考え方もあるけど、どう思う？」と提案するスタイルで伝えます。この時も流れ、リズムを意識します。

　マインドフルネス的な考えでは、相手が感情的になった時、切り離して見る方法もあります。感情に感情でぶつかっても、着地点は見出しにくくなります。感情的になると思考能力が落ちるため、相手の意見を客観的に捉えないようになります。聞き方、受け止め方、言葉の表現、どれも「肯定文」で伝えることで会話のリズムを保ち、リズムの波に乗っていけるでしょう。

世界最強はマニアの熱量

　スポーツ番組には純粋なスポーツ中継と、スポーツをモチーフにしたスポーツバラエティーがあります。テレビ局の中でも

スポーツは専門の部署があり、スタッフにはスポーツ経験者が多いのです。部活動をはじめ、インターハイ、国体、甲子園、世界大会、五輪まで。テレビ局のスタッフは、スポーツ界のOB濃度が高めかもしれません。

　スポーツ番組を制作する場合、報道や情報やバラエティーと違って専門性が高いため、経験者だからこそ理解でき、表現できる特徴があります。専門性が高いソフトゆえ、視聴率重視の民放局では、大きなイベント以外は見られにくいという側面もあります。

　かつてプロ野球中継は、ドル箱コンテンツでした。巨人戦は放送すれば高視聴率。しかしプロ野球人気の低下と共に、放送枠が地上波からBS放送へと移っていきました。スポーツバラエティーも手を変え品を変えて頑張っていますが、高い視聴率を見込めるソフトは減りました。

 スポーツ中継の種類は増えたよね。

　世界選手権やオリンピックの中継となるとまた別で、普段、スポーツに興味のない人でも見るようになります。国の一体感を味わえるため、スポーツファンだけでなく、お祭りファンも集まってくるからです。競技を知らなくても、そこに渦巻く「熱」を楽しむことができます。熱は人を呼びます。

　テレビだけでなく、市場の可処分時間を狙うメディアコンテンツは、いかにファンを作って巻き込むかという「ファン化」が大テーマです。ファンというのは、リピーター。マーケティ

ングで言う、ライフタイムバリュー（顧客が生涯で払う価格）は、リピーターにかかっています。

その点で、スポーツは選手が真剣に挑むドキュメンタリーですので、熱を伝えやすいコンテンツです。しかし、経験したことのない人はイメージしにくいため、共感させるために選手が背負っているドラマ、選手はなぜ挑んでいるか、というモチベーションを見せるといった工夫が必要です。

半径3m以内の人とのコミュニケーションでは、「あなた熱」を伝えることで、思いも伝わりやすくなります。

 どうやって熱を伝えればいいの？

あなたが夢中になっていることを、真剣に話せばいいのです。人気番組「マツコの知らない世界」に登場する「マニア」たちは、熱の塊です。単なる「好き」を通り越え、普通の愛好家をぶっちぎりで引き離すくらいの熱を帯びています。熱を持って話されると、さほど興味がなかったことでも「これほど人を熱くするってことは、何かがあるんだろう…」と引き込まれます。

アイドルグループ日向坂46の影山優佳さんは日々のブログで、サッカー愛を綴っています。中学2年生で、サッカー4級審判員資格を取得。Jリーグから海外サッカーまで精通し、趣味は戦術分析と、筋金入り。圧倒的な知識量と熱量で、元有名プロ選手も舌を巻くほど。アイドルの枠を越え、仕事の幅が広がっています。

仕事選びの基準として「お金をもらえなくても、やりたい

と思うことを選びなさい」という考え方があります。マニアの中には「ただ好き」が高じて、向き合っているうち、それが仕事になってしまったという人もいます。

　夢中になっている姿は「純粋無垢」です。不純物なしだから信用されます。あなたが心から好きなこと、寝食を忘れて夢中になれるものがあれば、その熱が情報にお墨付きを与えることになります。本物の情報には相手の好奇心を刺激する力があり、自然と雑談が広がっていきます。

陽気な力で巻き込もう

　中継というとスポーツが定番ですが、中継ソフトで人気を集めているのは将棋です。AbemaTVの将棋中継は、藤井聡太二冠の人気も後押しして、今や歴代最高視聴者数を記録するようなチャンネルになっています。本来、動画メディアは動きのあるものと親和性が高いのですが、将棋のような動きの少ないコンテンツでも十分に人気を集められる、新たな境地を切り開いています。

対局中に食べるお弁当まで見せるんだよね。

　とても10代と思えない落ち着き。寡黙で質問に淡々と答える藤井聡太二冠のように、日本人は表現が控えめです。

　一方で、欧米人のような体を使った表現は、「伝わる」ための方法として有効です。わかりやすいのは、南米スタイル。ブラジ

ルの人たちは陽気です。初対面でも冗談を言い合ったり、少しで
も話したりすれば友達。挨拶も日本人から見て情熱的です。

　挨拶は顔と顔を近づけて、頬を触れ合います。これができれ
ば、ラテンの仲間入り。とはいえ、いくら親しくとも、日本で
ラテンスタイルで挨拶するのは国民性からも時節柄的にも、控
えておくのが無難です。頬での挨拶ができなくても、あなたが
ラテン化する方法があります。

○声のレベルを上げる
○大げさなジェスチャー
○顔の表情で伝える

　これだけで、あなたは相手への好意を伝えられます。松岡
修造さんのように、熱いテンションで迫ってこられたら・・・。

ちょっと、びっくりかな。

　自分事のように考えてくれている一途さは、よく伝わってき
ます。ラテン化も距離を縮めやすいですが、ここ一番という時
の飛び道具としてオススメです。

当たり前の呪いが解けたら勝てる

　できるの？　できないの？　やるの？　やらないの？　東京

2020 オリンピック・パラリンピックは開催を巡り、侃々諤々、紆余曲折を経て結論が出ました。

　近代オリンピックの歴史を遡ると、第1回目は1896年です。ギリシャのアテネで開かれた際の陸上男子100ｍは、スタートラインに5人の選手。その中の一人だけが地面に両手をつき、クラウチングスタイルをとりました。

　当時の短距離走といえば「よーいどん」でかけっこするような、立った状態からのスタートが当たり前でした。にもかかわらず、違うフォームに挑んだのです。

テレビのCMで見たことあるよ。

　スポーツはライバルとの戦い、自分との戦い。常に切磋琢磨が起こっている分、イノベーションも起きやすいのかもしれません。かつて、スポーツでブレイクスルーした選手を紹介する番組がありました。

　陸上の背面跳び、体操の月面宙返り、水泳のバサロキック、スキーのＶ字ジャンプ、野球の一本足打法‥‥。それまで誰もが当たり前だと思っていたことが当たり前でないことに気付き、歴史が変わりました。

　様々なブレイクスルーエピソードから、選りすぐったものを放送しました。放送に至らないものの中にも一見、偶然のようで、実はそれまでの積み上げがあったからこそ訪れた賜物ばかりがありました。

　人は楽な方へ引っ張られやすい生き物。当たり前と感じる

場合、ぬるま湯に浸かっているかもしれません。時には疑って みることも大切です。

> **そもそも、「疑う」という発想がないよね。**

「当たり前」に縛られた状態を、知の呪縛といいます。人は 一度知ってしまうと、知らなかった時には戻れません。

知の呪縛を証明する実験が、アメリカのスタンフォード大 学で行われました。2人の被験者を「叩き手」と「聴き手」に 分けます。叩き手は、誰もが知っている曲をリストからひとつ 選び、指でテーブルをコツコツと叩いて、その曲のリズムを刻 みます。聴き手は、リズムから曲名を当てます。その際、聴き 手が曲名を答える前に、叩き手に「正答率」を予想させたとこ ろ、50%でした。

結果、120曲のうち、当たったのは3曲。正答率2.5%。叩 き手は、2回に1回は正しく伝わると思っていたにもかかわら ず、実際は40回に1回でした。

叩き手はリズムを刻む時、頭の中でその曲を聴いています。 しかし、聴き手にメロディーは聞こえていません。聞こえるの は、モールス信号のようなリズムだけです。

叩き手は「どうしてわからないのか」とイラつきます。叩 き手には「知識（曲名）」が与えられているため、知識がない 状態を想像できないのです。メロディーがわからず、コツコツ というリズムだけ聴かされている聴き手の気持ちが理解できま せん。

　一度知ってしまうと「知らなかった状態に戻れない」ことを、この実験では体感できます。何か伝えようとする時、全く相手に伝わらない時、そこには知の呪縛が潜んでいないか、疑ってみるといいと思います。

あなた「アレの件、どうだった？」
相手「アレって、なんだよ」
あなた「アレだよ、アレ！」
相手「アレじゃ、わかんないよ」
あなた「わかるだろ！」
相手「わかんないよ。長年、連れ添った夫婦か！」

「知の呪縛」問題は、思いも寄らぬところに転がっています。音楽ライブでの「アレンジ」も、アーティストならではの知の呪縛かもしれません。本人はオリジナルに飽きているせいか、アレンジして演奏しがちです。

　イギリスのポップデュオ、スウィング・アウト・シスターの日本公演でのこと。終盤で代表的な曲が始まったかと思ったら、様子がおかしい。リズムが違う。本人たちは「日本のファンには、ライブでしか聴けないアレンジバージョンをお届けします」なのかもしれない。しかし会場には、ここからというところで肩透かしを食らったような空気が漂っていました。

　以前、ある日本人アーティストが言っていました。アレンジ問題は頭でわかっていても、「いつもと違うことをやってみたい」という衝動から「客の気持ちを考えず、自分たちの都合でやってしまう深刻なものだ」と。

　よくあるのが、アコースティック・バージョン。オリジナルはアンコールでやってくれるのかと思っていると、期待を裏切られます。「えっ、アコースティック・バージョンだっけ？」。

　往年のアイドルがヒットソングでやりがちなのが、ボサノバ・バージョン。ポコポコとパーカッションが鳴り出したら「アレンジ・バージョン始まります」の合図です。どうやらボサノバはアレンジしやすいそうです。でもボサノバ・バージョンでは、オリジナルを超えるブレイクスルーは難しいでしょう。

　当たり前が当たり前でないことに気付くには、できるだけあなたと関係ないような人と話すことです。文系なら理系の人と、管理部門なら営業職と、文化系ならスポーツ系と。自らが門外漢である世界にいる人と話すと、必ず気付きを得られます。

　そして相手にとっても、あなたの世界の話は新鮮に映ります。普通に話していることに食いついてきたら、なぜそこに興味を持ったのか相手に確認すると、あなたの当たり前が、当たり前でなくなります。同様に、相手にも気付きを与えることができるのです。

まとめ

雑談はスポーツ同様、「リズム」と「テンポ」。
「あなた」と「熱」であなたの半径3mはさらに広がる。

Column
副音声
❺

レジェンドの
ボヤキ

　スポーツ専門チャンネルで、生放送の野球番組に携わっていたときのこと。番組はスタジオ収録、MC はヤクルトスワローズ OB の青島健太さん。毎回、ゲストを招いて解説してもらいます。ある回のゲストは故・野村克也さんでした。

　野村さんといえば、現役時代に華々しい成績を残し、数々のタイトルを獲得。引退後は監督としてデータを駆使した ID 野球を標榜し、リーグ優勝、そして日本一。古田敦也選手をはじめとする育成や、ベテラン選手の再生に活躍。ノムさんの愛称で親しまれ、テレビコメンテーター、試合解説、講演と、あらゆる方面から呼ばれ、著書関連本 150 冊以上。野球界を超えたレジェンドです。ボソッとつぶやく独特のボヤキ節、そして含蓄溢れる言葉は番組のコーナーになるほどでした。

　テレビ番組の制作現場では、関わるスタッフの数は数名から 100 名以上。僕が担当していたその番組は 10 人程度でした。22 時からの放送 30 分前に野村さんと打ち合わせ。なごやかに 15 分ほどで完了し、スタッフは各自、持ち場へと散っていきます。

　僕の担当は番組の台本でした。事前に書き終えているので、放送中は立ち会うだけ。打ち合わせの後はすることがなく、スタジオ外のスペースで野村さんと 2 人きりになってしまいました。

　普段でも初対面の人と 2 人きりというのは緊張しますが、目の前にいるのはレジェンド。完全に思考停止です。地球の重力ってこんなに大きかったっけ、というくらいの圧です。仕事があるフリをしてスタジオに逃げるという手もありますが、ゲストを 1

●こんな人が半径3m以内にいたら困る！

人にするわけにいきません。

　放送開始まであと15分。どうやって間をもたせようか。一介の小僧が話しかけて、変な空気になりゃしないか。飲み物もお菓子も目の前に置いてあるし、番組の流れは説明済みだし、どうしよう‥‥。

　するとブーッ、ブーッと携帯電話のバイブ音が鳴りました。野村さんが２つ折りのガラケーを開いて出ます。

「これから放送だよ」

　電話の相手は奥様、サッチーこと沙知代さん。野村さんは携帯を耳から外して、

「これ、何ていう番組？」

と聞いてきました。僕が番組タイトルを教えると、そのまま奥様に伝えました。電話の向こうではリモコンの操作をしているのでしょうか。何か言っています。

「これ、何チャンネル？　どうやって見るの？」

「すいません、スカパーには入っておられますか」

　番組は有料チャンネルなので、見るためには加入が必要でした。どうやら野村家は加入しておらず、奥様は見られないことに苛立ちを隠せない様子。そうこうしているうちに、放送5分前。

「そろそろスタジオへお願いします」

　と声をかけると、野村さんは、

「もう始まるから」

　と言って電話を切り、ボソッとひと言。

「本当に（テレビ局に）いるのか確かめてきたんだよ」

　ノムさんの生ボヤキ！　高僧の宣託を頂いたようでした。

　それから数週間後、再び野村さんがゲストで来た際、またも放送前に2人きり。横と縦の重力に押しつぶされそうになりながら「なんか言わないと…」と、頭の中で質問を数十個考えた末に聞きました。

「いい捕手になりそうか、どうやって見極めるんですか」

　答えてくれるかドキドキしていると、

「計算ができるか見るんだよ。（球団の）マネージャーに頼んで、中学の通知表を取り寄せるんだ」

　野村さんによると、新人捕手が入ってきたら中学校での通知表を取り寄せて、数学の成績を見るそうです。成績が良ければID理論を理解して実戦に生かせるのだと。古田捕手をはじめ、野村さんの指導で伸びた捕手はみな、計算ができたといいます。

「嶋は数学だけじゃなく、他の科目もオール5だったんだけど…」

　嶋とは 2006 年にドラフト 3 巡目で楽天から指名された、嶋基宏捕手のことです。

「バカのひとつ覚えみたいに、外角ばっか投げさせるんだよ。頭はいいのに、気が弱いから内角を攻められないんだ」

　新人時代の嶋捕手は野村さんのアドバイスを聞かず、内角攻めができなかったといいます（内角はデッドボールのリスクもあります）。

「あいつだけは、言うこと聞かないんだよなぁ」

　レジェンドの生ボヤキ 2 回目。

　それから数年後、嶋捕手は野村さんがかつて監督だったヤクルトへと移籍。そのシーズン開幕前、野村さんの訃報を聞いて思いました。嶋捕手がマスクをかぶる試合でボヤくんだろうな。

「内角、内角 ‥‥」

第6章

あなたの
「にんげん視聴率」を
上げるとサポーターが
集まってくる

あなたの半径 3 m 以内は狙われている

　テレビは長年、視聴率で局同士が争いを続けてきました。同じ時間に放送される番組の中で視聴率が最も高いと、放送翌日には局の廊下などに「同一時間帯トップ！」と貼り出されます。

　視聴率の基準が、世帯視聴率という一家全体から、個人視聴率という対象世帯にいるひとりひとりが何を見ているかに変わり、見た目の数字は小さくなりました。

　視聴率を気にしているのは、ごく一部の業界の人たちだけです。今やテレビは局、番組同士の戦いではありません。毎朝の情報ソースが「ＺＩＰ！」か「めざましテレビ」かより、ニュース配信アプリや Twitter 上でフォロワー同士が交わす「おはよう」ツイートがライバルかもしれません。ベンチマークすべきライバルはゲームやＳＮＳまで、動画メディアの域を超えています。

　多忙な現代人にとって、視覚と聴覚を同時に奪われるテレビはストレスかもしれません。一方、ラジオやポッドキャストなどの音声メディアも、テレビのライバルになりつつあります。「ながら」行動にぴったりの音声メディアによって、聴覚の争奪戦は激しさを増しています。

 自宅で過ごす時間が増えると「ながら」も増えるよね。

　Amazon や Twitter など海外のＩＴ企業は、音声配信のサー

ビスを買収。日本でも音声プラットフォームの Voicy やサッカーの本田圭佑選手が出資する NowVoice など、新規参入も相次いでいます。

　2020 年にアメリカで始まった Clubhouse は、room と呼ばれるスペースで雑談が繰り広げられます。コロナ禍で雑談の機会を失った人達のニーズにハマッたようです。

　これからは一般人の雑談さえも、コンテンツになっていく可能性があります。テレビのように、台本をもとに作り込んでいくスタイルは、減っていくかもしれません。音声サービスの熱と共に、オーディオ機器も多様化しています。

> **スマートスピーカーは、**
> **くしゃみに反応することもあるよね。**

　アップルやグーグルはワイヤレスイヤホンを手掛け、人の移動中も音声サービスを利用できるようになり、私たちの半径 3 m以内にぐいぐい入ってきています。

　音声配信サービス、オーディオ機器の普及で市場が拡大すると、クリエイターの動きも活発になり、独自のコンテンツが市場をさらに活性化させます。YouTube でも VTuber や、顔出しなしで音声のみのコンテンツが普通になってきました。ニューメディアの目まぐるしい台頭で、テレビが次の一手を見つけるのは難しそうです。

既にある最幸運とは?

コロナ禍になり、「ウィズコロナ」(コロナと共に)、「ニューノーマル」(新しい日常)といった、新しい言葉が次々に現れました。「ウィズコロナ」という言葉を初めて耳にしたのは、投資信託・投資顧問業務を手掛けるレオス・キャピタルワークスの藤野英人さんが、オンラインイベントで話した時です。世の中が「いったい、どうなってしまうんだ」という恐怖に包まれていた時、いち早く先々の見立てをしてくれた藤野さんの話は印象的でした。「ウィズコロナ=コロナと共に生きる」という考え方は当時、どんなことか、全くピンと来ていませんでした。ただ、一寸先は闇だということは、はっきりわかりました。

> 今日の常識が、明日は非常識になっているかもね。

テレビ番組には台本があることを、お伝えしました。台本はセリフの一言一句が決まっていて、出演者はその通りにしゃべらないといけない、といったイメージがあると思います。

台本と混同されやすいものに、脚本があります。脚本はドラマや映画で使われるもので、役者さんが事前にセリフを覚えて演技します。

また、NHK紅白歌合戦はひとりひとりのセリフが決まっているため、リハーサルをしっかり行うと聞いたことがあります。特に生放送の番組は時間割が秒単位で決まっており、余計

なことを言うと、他のパートに迷惑をかけてしまいます。

　一方、私達の日常は、台本通りにはいかないものです。段取りが決まっている中では安心して動けますが、コロナ禍でそれは覆りました。

 これから、どうやって進んでいけばいいの？

　インド人でバージニア大学ダーデン経営大学院のサラス・サラスバシー教授が、エフェクチュエーションという考え方を唱えています。教授の著書によると、エフェクチュエーションとは、最善を尽くしても「原因と結果」の法則が働かないような状況においてどうやって行動すべきか、という考え方です。

　一般的に新しいことを始める時、最初にゴールを決めておき、ゴールに到達するにはどんな段取りで進めていけばいいか、というアプローチが多く見られます。

 逆算するアプローチだね。

　テレビの台本も、伝えたいメッセージ、テーマがあり、「オチ」を決めてから、そのオチに向かっていくストーリーを組み立てます。このようなプロセスはある程度、未来が予測できる時には使えますが、不確実で予測できない場合は通用しません。

　エフェクチュエーションは最初にゴールを決めず、「今ある、手持ちの手段を起点に、可能性を創造していく」アプローチで

す。YouTube コンテンツで定番の、「やってみた」のようなものです。ただし「やってみた」と違うのは、やりっぱなしではなく、分岐点ごとに新たなゴールを見つけていく考え方だという点です。

じゃあ、どうすればいいの？

5つの原則があります。そのひとつ、バード・イン・ハンド（手の中の鳥）を紹介しましょう。

主人公のチルチルとミチルが、幸せになれるという鳥を探しに冒険に出たが、帰ってきたら自宅にいた、という童話「青い鳥」のことです。韓国映画やドラマでもよくあるパターンですが、運命の人を求めてさまよった結果、実はすぐ隣にいたというオチです。

本人が気付いていないアレね。

「志村、後ろ、後ろ！」だね。

問題解決に向けて遠くを見るのではなく、まずは手元にあるものを使ってやってみる、ということです。手元にあるものとは何でしょうか。最も近いのは、あなた自身。あなたの特徴、特性、能力です。さらに、これまで培ってきた経験や知見。

そして、あなたがよく知っている人。隣にいる人です。半

径3m以内に「既にあるモノ」から始めよう、というのが、バード・イン・ハンドの考え方です。

　まず、自分が持っているつながりなどの資産を、棚卸しします。仕事でこんな会社のこんな人とコンタクトを取りたい、と思った時、社内のスタッフに聞いてみる手も。あるいは学生時代の同級生に、関係者の一人くらいいるかもしれません。まず身近な強いつながりから辿るのが、最初の一手です。

最幸運の大好物は…

　運は目に見えないものです。自分の意思とは別の何かが働いた、と考えてしまいます。しかし、運がやってくる人は運が良かったのではなく、運を呼び込む習慣を実践しているのです。セレンディピティ（予期せぬ偶然、発見）に頼るのではなく、自分で呼び込む努力をしています。

　強いつながりも弱いつながりも、人からできています。自分がつながっている先が自分にとって「いい人」であると、運気が上がるのは当然です。自分にとって「いい人」に囲まれるには、「いい人」にとって、あなたも「いい人」であることです。「いい人」のベースには、互いの「信用」があります。信用されている人のもとには、仕事が舞い込んできます。その人を伝って、あなたにも回ってきます。

　ではどうすれば、信用されている人が半径3m以内に集まるのでしょうか。次の3つを実践してみましょう。

①「できる」と信じる

目の前に高い壁が現れると、たいていは「超えるのは無理」と思うかもしれません。自分は小学生の頃から、長距離走が苦手。長距離どころか、1500ｍ走も6分が高い壁でした。

ここ数年は苦手なことに挑戦していこうと決め、マラソン大会に出るために、練習を始めました。人生初のフルマラソンは、石垣島の大会。その前年にハーフマラソンを完走できていたので、半分くらいまではいけるだろうという気持ちで臨んだところ、後半は未知の世界。30キロ過ぎからキツいと聞いていたせいもあり、ついに歩いてしまいました。給水所で止まると次の足が出なくなることがわかり、2キロごとの給水ポイントも、1カ所ずつ我慢して進みました。人は未知の苦しさに直面すると、過去のデータが役に立たなくなります。

前が見えないと、不安しか感じないよね。

しかし「できる」と自分に言い聞かせると、底力が湧いてきます。35キロ付近、特別養護ホームの前でおばあ（沖縄弁でおばあさん）たちが車椅子に座って路肩に並び、ランナーを応援していました。その姿に、自分は走れるだけ幸せだと思い、フラフラになりながらおばあたちとタッチしたら、涙と共に力が湧いてきて、再び走り出すことができました。「なんだ、できるじゃん」という自信につながりました。

人間、つらいことがあると、あるいは都合が悪くなると、逃げ

ようとします。場合によっては、逃げることが正解というケースもありますが、距離を置くという表現が正しいかもしれません。

ただし、逃げると周囲からの評価以上に、自己評価が下がります。逃げずに挑んで手にする自信より、逃げて失う自信のダメージの方が大きいのです。

お笑いコンビ、ティモンディ・高岸宏行さんの決めゼリフ「やればできる」は、含蓄あるフレーズです。

②渡せる「武器」を磨く

「自分には、コレといったスキルがない」と思うのは早合点です。何年も生きてきた中で培った知見と経験には、何かあります。気付いていないだけなのです。

ドラマにもなった「レンタルなんもしない人」は、ＳＮＳで依頼を受けた人のもとへ出向き、何もしません。何もしないといっても、隣に「居」ます。「なんもしない人」の「存在」そのものに価値を感じる人がいるから、依頼が途切れません。

忙しい人は、猫の手も借りたいといいます。あなたに時間があれば、誰かの役に立つ「手」になることができるかもしれません。専門スキルがないなら物を持ってあげる、お使いに行くでもいいです。誰でもできることなら普通よりレスポンスが早い、というだけでも武器になります。口下手だけど話を聞くことができるなら、それも武器です。

超高齢化社会という問題で、シニアの活躍法を考えることがあります。彼らの知見や経験という財産はもちろんのこと、「レンタルなんもしない人」と同じように「ただ居るだけ」の存在そのもので価値を作るには、どうすればいいでしょうか。

レンタルさんは若いから、需要あるんじゃ?

　映画やドラマの撮影には、大勢の人が必要になることがあります。例えば選挙の演説シーンを再現しようとすれば、とんでもない数のエキストラが必要です。街角で候補者の辻説法を聞いているのは、どんな年齢層でしょうか。

 時間に余裕のあるシニア層、ってイメージだね。

　会えるアイドルのコンセプトが崩れつつある中、会える相手がアイドルではなく「ファン」という設定だったら、どうでしょう。アイドルの気分を味わいたい人が、専用のライブ会場でステージに上ります。すると客席には、大勢のファンが待っています。ファンの役割を担った人たちです。ステージで歌う時は、客席でサイリュームを振って応援してくれます。

　大勢の人の前でアイドル気分を味わえる、というサービスでも、「ただ居る」が武器になります。少なくともこの本を読んでくださっているあなたには、「ただ居る」以外にも、様々な武器が眠っていると思います。武器を出す瞬間は突然、やってくるものです。まずはどんな武器があるか、棚卸しをして磨いておくことです。

③「ありがとう」を口癖にする

　ありがたいことに自分は新卒で商社に入り、20代後半で放

送作家に転身できました。やりたかった仕事ができたのは、運に恵まれていると思います。

　もともとアイディアを出すこと、新しいものを考えることが好きでしたが、商社時代は全く生かせていませんでした。新しい事業を提案しても受け入れられることがなかったので、アイディアを生かせる環境に来られて、運が良かったと思っています。

　おかげで、テレビ業界では学びに学んでいます。企画力、発想力、文章力など日々鍛錬が続き、自分なりに成長でき、キャパも広くなって、結果もついてきます。運の巡りが良いのは半径３ｍ以内の人のおかげだと、日々、ありがたみを噛みしめています。

全てに感謝だね。

　運が良いことを実感すると、半径３ｍ以内の人にもおすそ分けしなくては、という気持ちになります。「ありがとう」を載せたものは再び強いつながり、弱いつながりへと巡っていきます。その先でどうなるか、気にする必要はありません。誰かにとって意味があるので、意味のある存在になることを繰り返していけば、自分の価値も上がっていきます。

　現在、オンラインサロンを主催しています。メンバー同士が課題を共有して、アイディアを出し合っています。他者への貢献を通じて各々のスキルも上がり、小さな成功体験にもなります。

　これからの時代は、少し前の常識ややり方が通用しなくなるケースが出てきます。市場、プレーヤー、ライバル … 目まぐるしく変化する分、出会いのチャンスも増えるでしょう。ま

ずは半径3mに現れた人の可能性を認め、「ありがとう」の気持ちで、一緒に挑戦すること。少しずつ動いているとさらなる同志が現れ、新たなゴールや幸運をもたらしてくれます。

「にんげん視聴率」を上げるには？

スポーツの章でお伝えした「びっくり日本新記録」では、「ひとつの記録は一瞬のうちに破られる」というナレーションが流れます。記録はそもそも塗り替えられる運命にありますが、おそらく破られることのない大記録があります。それは「テレビ視聴率81.4％」。

1963年12月31日に放送された「NHK紅白歌合戦」です。それから60年、メディアの環境は変わりました。今やテレビは視聴率10％を超えれば上出来という中、放送されるたびに15％前後の高視聴率を取るソフトがあります。ジブリ作品です。

2020年2月までに放送された回数ベスト3
「風の谷のナウシカ」19回
「となりのトトロ」17回
「魔女の宅急便」17回

何度こすられても色褪せないのは、幅広い層から支持されている証拠です。人気の秘密は数え切れないほど挙げられますが、とりわけ、気になることがあります。監督の身近にいる人が主人公のモデルだった、というケースです。身近というのは監督

の姪だったり、プロデューサーの娘だったり・・・。

> ## まさに、半径３ｍだね。

　企画の段階で、幅広い層をターゲットにするのではなく、身近な人が気に入ってくれるかという視点で考えている、との話は、映像コンテンツに携わる者にとって示唆に富んでいます。

　コンテンツといえば、テレビ局では定期的に企画募集が行われます。かつての募集要項には「幅広い層に見てもらえる」という条件がついていました。しかし、幅広い層に訴求するのは、最も難しいことです。ジブリ作品の人気ぶりを見ると、まず的を絞って熱を注ぎ、その熱が少しずつ広がっていく。これがヒットの秘訣だと思われます。

　仕事、プライベート、人付き合いの中であなた自身が選ばれるには、あなた自身の魅力を伝えるには、あなたの「にんげん視聴率」を飛躍的に上げるには、どうすればいいでしょうか。

　まずは身近な人に、ファンになってもらうこと。ＳＮＳで多くのフォロワーを獲得する必要はありません。ＳＮＳでは、数字がひとつの信用の指標になっているのは事実です。そのため、数字を増やすための情報も溢れています。ただし、数字は単なる錯覚資産にすぎません。

> ### 錯覚資産って何？

　錯覚資産とは、あなたが自分に対して持っている、自分に都合のいい思考の錯覚です。元になる情報はウソではなく事実で、相手の勝手な解釈によって、思考の錯覚が起きます。大事なことは、あなたに心を寄せている人がどれだけいるか。「フォロワー＝あなたのファン」というわけではありません。ちょっと気になるから、知り合いがフォローしているから、タダで有益な情報だけ拝借しよう、自分と同じ属性だから動きをチェックしよう…など、動機は様々です。

　ＳＮＳでは、強い動機でフォローしている積極的なユーザーは、平均すると２割程度です。あなたの発信をただ見ているフォロワー100人より、リツイートしてくれるフォロワーが１人でもいる方が心強いと思いませんか。

大勢の取り巻きより1人の理解者、だね。

　話しかけにくい人と出会った時、あなたならどうしますか。そこに最幸運はないと考えますか。

　苦虫を噛み潰したような表情の頑固オヤジ…とっつきにくい印象を醸している人には、他の人も同じような印象を抱きます。話しかけられにくい、人が寄ってこない、実は寂しかったりするケースもあります。最初はとっつきにくいけど、なんとか突破できれば、実はすごくいい人というケースもあります。

　会社の上司、取引先…へりくだる必要はありませんが、仲良くするに越したことはない。どうやって懐に飛び込めばいいのか。仕事が忙しく能力が高い人は、軽い感じで接すると、途端に見下

される可能性があります。特に男性は「まずは結論を」となるので、雑談の中に相手が気になるような話を盛り込んでいきます。

　いわゆる「平成Z世代」より前の昭和世代は、アナログで褒めると単純に喜ぶことがあります。とっつきにくい人ほど、他の人が近づかない分、積極的に攻めた方が仲良くなれて、最幸運を呼び込みやすいとも考えられます。

 相手にとって、あなたが理解者の立ち位置かもね。

　話しかけやすい人はどうでしょう。フレンドリーな人は、いつでもウエルカム。自然と人が寄ってきます。みんな友達。友達のハードルが低めです。何でもウエルカムなので相談に乗ってくれますが、仕事でジャッジが必要な時などは、優柔不断だったりします。何かお願いしても「一旦、預からせて」と言ったまま、先に進まないこともあります。

　かつて飲食業での新規客獲得コストと、顧客をリピーターにするためのコストは5：1でした。しかしSNSの普及に伴い、今は1：5と逆転しています。新しいお客さんを呼び込むのはたやすくなった分、リピーターをつなぎ止める方にカロリーがかかるということです。

　あなたの「にんげん視聴率」を上げるには、半径3ｍ以内の強いつながりをさらに強化することを心がけ、その上で半径3ｍ圏外の弱いつながりを意識する、ハイブリッド型のネットワークを作ることです。

　長寿番組は強力な人気を支えにして続いているわけですが、

常に高視聴率ではありません。番組自体のパワーのアップダウン、同時間帯の他番組の人気具合など様々な要因が絡み合い、番組打ち切りの危機に瀕しても、乗り越えているケースが多々あります。支えているのは根強いファン、番組にとっての半径3m以内の人たちです。

今すぐ半径3m以内の人と雑談しよう

雑談の文化での違いを感じたことがあります。アメリカ、ボストンの空港でのこと。4つあるターミナルの間を、循環シャトルバスが走っています。その途中には、レンタカー業者が集まっている、レンタカーセンターがあります。

バスに乗ったものの、レンタカーセンターがどこかわからず、隣の人に尋ねると、「3つ目」と教えてくれました。すると向かいに座っていた人が「どこのレンタカーがいいか」教えてくれ、別の人が「あっちのレンタカーもいいぞ」「荷物がたくさんあるならRVがいい」など、口々にレンタカーの話を始めました。

雑談のメンバーは老若男女、おそらく人種もバラバラ。異邦人の「レンタカーセンターはどこですか」のひと言から雑談が始まる様子を目の当たりにして、「もし山手線の中で外国人から『東京タワーはどこですか』と聞かれても、誰も割り込んでこないだろうな」と考えていました。

バスの車内、自分は雑談の蚊帳の外でした。アメリカの人はみんな社交的かと思いきや、マイクロソフトのビル・ゲイツは、本質的には内向的だそうです。

内向的なのに、素晴らしいプレゼンをするよね。

　雑談では自分からグイグイいかなくても、「受ける」＝8に対して、「投げる」＝2でOK。あなたは会話のきっかけを作って、相手をしゃべりやすくする「場」を作る係のつもりで。あなたは、テーマを投げ、相槌を打つ。キーワードを拾い、自分のポケットにある「うんちく」「お役立ちネタ」といったエピソードを添えてあげるのもいいでしょう。求められない限り、自分から前に出る必要ありません。

　ただし、NGテーマがあります。タクシーの運転手さんがお手本です。政治、宗教、好きな野球チームの話はご法度。エロもNG。運転もトークも、エロよりエコ。お金にまつわるものは、相手にメリットのある縁起物がテーマなのはセーフ。宝くじに当たった、パチンコ、競馬に勝ったという自慢話もギリ、セーフ。理由は、自分がリスクを背負ってやっている話だから。

　半径3m以内の人とは、あなたがギャンブル好きという印象を与えかねないので、表現は慎重に。

 何でも話せばいいってわけじゃないね。

　この本を出す「きっかけ」は、身近な人、半径3m以内の人との雑談でした。旧知のプロデューサーとテレビ局の廊下で立ち話をした際、「本は出さないんですか」と聞かれ、「出せたら嬉しいですけど、僕の身分では‥‥」と伝えました。

　後日、プロデューサーが出版社に話してくれたところ、「どんな内容なのか、企画書を下さい」ということに。テレビ業界で23年目。しかし、当初は「今さらテレビの話をしてもなぁ」という気持ちがありました。

　情報番組に長年携わってきたため、企業の広報さんやＰＲ会社の人から、いろいろな商品サービス情報の案内を受けてきました。ＰＲ（パブリック・リレーションズ）についてなら、メディアの中の立場として話せると考え、企画書にして提出しました。

　すると、すぐ返ってきたのはダメ出しかと思いきや、「いつ頃、どんなサイズで、いくらぐらいで…」と、話が進んでいました。その後、担当編集者さんと打ち合わせしたところ、「世の中の人はＰＲといっても親和性が低いから、もっと汎用的な内容にした方がいいのでは」とアドバイスをもらいました。

　テレビは誰もが知っている共通言語。テレビから学べる、コミュニケーションの具体的なコツをお伝えすることにしました。身近な人たちのおかげで雑談がひとつの形につながったのだと、実感しています。

> **まとめ**
>
> あなたを支えるのはお金よりも信用。
> 半径3m以内には信用を貯めていこう。

予測不能！

テレビと雑談は
どこへ向かうのか

　コロナ禍になって、わかったことがあります。テレビの世界は電波こそデジタルになっても、内部ではアナログが続いていること。

　コロナ禍以前は、週に4〜5日はテレビ局に出入りしていました。しかし会議、ミーティングがリモートになって、すっかり行く機会が減りました。たまに行っても制作の現場が班制で動いているため、スタッフルームには人がまばら。いつもいる人がいないケースが増えました。普段なら局内をフラフラしていると、誰かしらと遭遇します。

「最近、何してんの？」

「何か企画ない？」

「また一緒に仕事しましょう」

　といった軽い立ち話の雑談から、アイディアが出てきます。テレビの中はオフライン、アナログのコミュニケーションが中心でした。会議も同じように、共有事項の確認以外は雑談のようなもの。

　一方、オンラインの会議では情報共有が中心で、雑談が発生しにくいのです。テレビ業界に限らず、どこの業界でも社員スタッフ同士の雑談が減っているため、朝夕あえて雑談の場を設けている企業もあるほどです。

　巷には雑談に関する書籍が溢れています。それだけ雑談に関心が寄せられている証拠で、雑談のメソッドやスキルを磨きたい、とう需要が多いのでしょう。場数を踏んでこそ力がつくところ、機会そのものが減っては強化できるどころか・・・です。

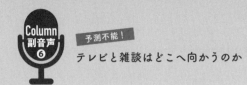
●こんな人が半径3m以内にいたら困る！

プロテイン

入れておきマシタ

手作りの一口おにぎりをすすめてくる

　放送作家は雑談をしてアイディアを出すのが仕事のようなものですから、仕事がやりにくくなった一面もあります。なぜ自分が雑談を勧める本を書いているのか、今ようやく気付きました。

　コロナ禍以降に気付いたことがもうひとつ。企業の広報、ＰＲ職の方からの「新規のメディアキャラバンができなくなった」という相談が増えました。メディアキャラバンというのは、メディアの人に直接、情報の案内や売り込みをする活動です。

　テレビ局内への入構制限で、外部業者が営業などで立ち入ることができなくなったという理由もあります。そこで自分に何かできないか考えた末、オンラインでイベントを開くことにしました。

　イベントではテレビ番組の制作担当者をゲストに招き、テーマ

トークしてもらいます。さらに参加者とつないで、いつでもコンタクトできる状況をお膳立てしたのです。

　第1回目は2020年5月。ゲストは民放地上波で有名番組を担当する現役テレビマン、番組作りにおけるキーパーソンです。ひとつの番組には大勢のスタッフがいます。広報、PR職の方々にとって、本当に知り合いたい人は、外からではわかりにくいのが現状です。テレビ局に電話してスタッフルームにつないでもらっても、キーパーソンは出てきません。出てこないならば引っ張り出そう、という作戦です。

　20年以上テレビの現場にいると、半径3m以内には気心が知れたキーパーソンが多々、存在します。声をかけると、ありがたいことに皆、快くゲストとして登壇してくれました。

　このイベントを開いたことで、制作現場の人たちも外部の業界の人たちと情報交換したかったことがわかりました。イベントに参加した人からは「普通なら知り合えないような人と知り合えました」と喜びの声が寄せられ、月イチでの開催が続いています。これまでの参加者は、延べ1000人以上。テレビマンと接点を持ったことから、番組での露出につながったこともありました。

　広報PRパーソン同士の交流も生まれています。イベントを始める時、一度だけのつもりで付けたタイトルが「雑談法人広報は夜の7時」。当時は雑談の本を出すとは想像すらしていませんでした。

　情報を川の流れにたとえると、テレビを見ている人は河口付近にいます。そこから少し遡るとテレビなどのメディアがあり、さらに遡ると、企業など情報の源があります。テレビマンも広報PR職の人も同じ流れの中にいるため、情報の受け渡しさえスムーズにいけば、もっと世の中のためになると考えています。

　アイディアは雑談から生まれます。上流での雑談の質が上がれ

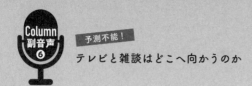

ば、流れていくアイディアの質も向上し、受け取る人をハッピーにできます。

　情報の流れを俯瞰して、思い出したことがあります。新卒で入った商社では食品原料の輸入販売に携わっていたので、物流を俯瞰していました。今になって「そういえば、扱う商材がモノから情報に変わっただけで、やっていることの本質は変わってないな」と気付き、次に自分ができることは何かを日々、模索しています。

おわりに

幸運は準備あるところに訪れる

　100年に一度というコロナ禍。発生から1年以上経って、第4波が襲来。日本でもワクチン接種が少しずつ行われています。かつてワクチンを世に広めたフランスの学者パスツールは、こんな言葉を残しています。

「幸運は準備あるところに訪れる」

　パスツールは狂犬病のワクチンを発明し、犬に噛まれた少年に接種して回復させたことで、研究が認められました。それは偶然ではなく、狂犬病の原因がウイルスであることを突き止め、ワクチンを作っていたから、少年を救うことができたのです。一方でコロナ禍は、ある日突然やってきたため、誰も準備する時間がありませんでした。しかし、ほとんどの人にはまだ、人生を楽しく過ごすための準備時間があると思います。人生は生涯、学びです。義務教育、高等教育を経て社会に出た時、「勉強は終わった」と思っていましたが、大間違いでした。むしろ社会に出てからが、勉強の本番です。

　自分が通学していた時代と現在では、少しずつ教育の中身が変わってきているようにも見えます。文科省でもアクティブラーニングを広めようとしています。

　しかし、理想と現実のギャップは大きく、いまだ日本の教育は「決まった答えに辿り着くまでの道筋を暗記する」ものが主流です。実社会では自分で答えを見つけなければならないどころか、まずは自分で「問い」を立てる力が求められます。答えを探すに

は、自問自答が有効です。

　一方、人は自分のことが最もわからない生き物。自分を知るには、他人の意見に耳を傾けることが大切です。

　自分の問題解決で大きな力になってくれるのは、半径３ｍ以内にいる人です。半径３ｍ以内にいる人と雑談することは、パスツールが言う「準備」です。パスツールが偉大な発見をするきっかけになったのは、休憩室で自分と全く関係のない分野の研究者と雑談したことだった、というエピソードが残っています。

　アイディアを膨らませたい時は、自分と遠い世界の人と会話をする。自分では「当たり前」だと思っていることがそうではないことに気付かせてくれるのは大抵、自分の専門分野とは無関係の人だったりします。

　無関係の人が言うことは、トンチンカンに聞こえるかもしれません。バッサリ斬り捨てるのは簡単。いや、でも待てよ。そこに問題解決のタネが眠っているかもしれない・・・。

　今回、この本を出すに至ったきっかけは、立ち話による雑談でした。あの時、「本、出さないんですか」と聞いてくれた、岡田五知信さん。出版を進めてくれた、徳間書店の青戸康一さん。編集のイロハを教えながら伴走してくれた、鶴良平さん。そして、コラムのネタ選びに協力してくれたみなさん。普段、半径３ｍにいてくれるあなたのおかげで、本が完成しました。この場を借りて、お礼申し上げます。ありがとうございました。

あなたの血肉になったら図書館に寄贈

　読書好きなあなた。読み終えた本はどうしていますか。書棚

にしまっていますか。誰かにあげますか。それとも・・・。

　かつての自分は、読み終えた本がある程度たまると、買い取り店に持ち込んでいました。スーツケースいっぱいに詰め込んでいったところで、査定額は2000円前後。帰りに寄り道して何か食べようものなら、プラマイゼロ。残るのは「なんだかなぁ」の虚無感だけでした。

　しかしある時、モヤモヤが解消しました。不要な書籍を図書館が引き取ってくれることを知り、まずはトートバッグひとつ分を持ち込んだところ、受領証を頂き、帰り際には「ありがとうございました」の言葉までかけてもらえて・・・。

　なんだろう、この爽快感。図書が世の中に循環することで、1人でも幸せにできるのではないか。勝手に都合のいいように解釈して、テンションが上がりました。

　この本を読み終えたあなた。もう一回読んでいただけるようでしたら、見える場所にそっと置いて下さい。既に自分の血肉になったなら、図書館へ持っていって寄贈して下さい。そして、また別の誰かと出会うチャンスをこの本に与えて頂けたなら、大変にありがたいことです。

　もちろん、半径3m以内にいる人に渡しても結構です。その時は、本の感想について雑談して下さい。きっとあなたのハッピーになって戻ってきます。

　あなたとあなたの半径3m以内の人の雑談力が爆上がりして、幸運もやってくることを祈って。

2021年6月

●参考文献

パン屋ではおにぎりを売れ／柿内尚文（かんき出版）
自分を最高値で売る方法／小林正弥（クロスメディア・パブリッシング）
人は話し方が9割／永松茂久（すばる舎）
あえて数字からおりる働き方／尾原和啓（SBクリエイティブ）
ラテラル・シンキング入門／ポール・スローン（ディスカヴァー・トゥエンティワン）
神話の法則／クリストファー・ボグラー（ストーリーアーツ＆サイエンス研究所）
スティーブ・ジョブズ 驚異のプレゼン／カーマイン・ガロ（日経BP）
ユリオカ超特Q－Q展－／ユリオカ超特Q（アルドゥー／DVD）

●出版協力（順不同）

ささきたかし／木原隆人／根来将男／金田一一美／草野裕／佐藤伸一／細山加央里／
小谷美帆／兒玉有希／
柴田菜々子／本間正幸／鈴木耕平／桐山えりな／湖城裕太／山口豪志／和田ヒロエ／
三宅恵子／マダムミハエル／日田由紀／原田冬彦／林大吾／対崎衆一／与座よしあき

イラスト／井上ちひろ

金森 匠（かなもり・たくみ）

神奈川県出身。横浜国立大学教育学部附属横浜小学校、栄光学園、上智大学外国語学部卒業。総合商社を経て、放送作家に転身。報道、情報、バラエティー、スポーツ、ドラマなど、22年間で5000以上のテレビ番組の企画構成に携わる。ベンチャーから大手まで企業の広報PR業務のクリエイティブ、YouTube動画のサポートも行っている。広報PR職のコミュニティー「広報は夜の7時」主宰。日本脚本家連盟所属。一般社団法人PRカレッジ代表理事。

金森匠が主宰する
PRカレッジ

66ページで紹介した
創作絵本の
無料ダウンロード

世界一かんたん！ テレビを見るだけで 雑談力が爆上がりする魔法のスキル

「半径3m」のメディアに隠された極意

2021年7月31日　第一刷

著　　　者	金森 匠	
発　行　者	小宮英行	
発　行　所	株式会社 徳間書店	
	〒141-8202　東京都品川区上大崎3-1-1　目黒セントラルスクエア	
電　　　話	03 (5403) 4332 編集　049 (293) 5521 販売	
振　　　替	00140-0-44392	
印刷・製本	大日本印刷株式会社	
本文・表紙デザイン	エム・サンロード（新家崇文）	

©2021 Takumi Kanamori
Printed in Japan
ISBN978-4-19-865282-1
乱丁・落丁本はお取替えいたします。